AF404154

CATALOGUE
DES LIVRES

DE M. ***, *Macedo, Secrétaire d'ambassade de portugal.*

Dont la vente se fera le mercredi 1ᵉʳ avril 1812, et jours suivans, à six heures très-précises de relevée, rue des Bons-Enfans, n° 30.

Se distribue A PARIS,

Chez MM. { De Bure père et fils, Libraires de la Bibliothèque impériale, rue Serpente, n° 7.
Bizet, Commissaire-priseur, rue Sainte-Croix-de-la-Bretonnerie, n° 24.

DE L'IMPRIMERIE DE CRAPELET.

1812.

AVERTISSEMENT.

Quoique le Cabinet dont nous publions le Catalogue ne semble pas susceptible, par le petit nombre d'articles dont il est composé, d'offrir quelques parties bien suivies, cependant l'on trouve dans la Géographie une des réunions les plus complètes des géographes anciens grecs et latins. Le but du propriétaire avoit été de rassembler toutes les différentes éditions de chaque auteur; mais ces sortes de livres se rencontrent difficilement : ce n'a été qu'avec beaucoup de soins et de peines qu'il est parvenu à former cette Collection, que le temps eût rendue plus complète.

Les Voyages étant une partie dépendante de la Géographie, l'on trouvera dans cette classe des articles curieux; les autres parties renferment aussi de bons livres en différens genres, et principalement de bonnes éditions des auteurs classiques anciens.

Les livres sont en général bien conditionnés, et toutes les reliures annoncées veau porphyre et veau écaille sont neuves et faites avec soin.

Blaise.

filliard.

5. gui.

payant.

7. gui.

Blaise.

9. fevril.

CATALOGUE
DES LIVRES
DE M. ***.

THÉOLOGIE.

1. Bibliorum sacrorum vulgatæ versionis editio, in usum Delphini. *Parisiis, Didot*, 1785, 2 *vol. in-4. br. Pap. Vél.*

2. Sam. Bocharti Opera omnia. *Lugd. Bat.* 1712, 3 *vol. in-fol. fig. v. b.*

3. Bibliotheca patrum Apostolicorum græco-latina, auct. Th. Ittigio. *Lipsiæ*, 1699, *in-8. vél.*

4. Collectio nova patrum et scriptorum græcorum, gr. èt lat. studio Bern. de Montfaucon. *Parisiis*, 1707, 2 *vol. in-fol. vél.*

5. Sancti Irenæi fragmenta anecdota, gr. et lat. cum not. Ch. Mat. Pfaffii. *Hag. Com.* 1715, *in-8. vél.*

6. Clementis Alexandrini Opera, gr. et lat. edente Frid. Sylburgio. *Coloniæ*, 1688, *in-fol. vél.*

7. Q. Septimii Flor. Tertuliani Apologeticus, cum comment. Sigib. Havercampi. *Lugd. Bat.* 1718, *in-8. vél.*

8. Dissertations sur l'Union de la Religion, de la Morale et de la Politique, par Warburton. *Londres*, 1742, 2 *vol. in-12. v. rac. dent.*

9. Discours sur la Liberté de penser, par Collins, trad. de l'angl. par Crouzas. *Londres*, 1766, 2 *vol. in-12. v. m.*

A

34--5.   10. Mischna sive totius Hebræorum Juris, rituum, antiquitatum, ac legum oralium systema, hebr. et lat. ex translat. et cum notis Guil. Surenhusii. *Amstel.* 1698, 6 *vol. in-fol. dem. rel.*

1--50.   11. La Certitude des preuves du Mahométisme, (par Anacharsis Clootz). *Londres*, 1780, 2 *tom. en* 1 *vol. in-12. v. rac.*

JURISPRUDENCE.

105--5.   12. Corps universel diplomatique, par Dumont. *Amst.* 1726, 8 *tom. rel. en* 14 *vol. in-fol. v. b. Gr. Pap.* = Suppl. au Corps diplomatique, par le même. *Amst.* 1739, 5 *tom. rel. en* 6 *vol. in-fol. v. b. Gr. Pap.* = Histoire des Traités de paix du XVIIe siècle, etc. *Amst.* 1725, 2 *vol. in-fol. v. m.* = Négociations secrètes de Munster et d'Osnabrug. *La Haye*, 1725, 4 *tom. en* 3 *vol. in-fol. v. b.*
Ces deux derniers ouvrages sont en petit papier.

12--5   13. Abrégé de l'Hist. des Traités de paix entre les puissances de l'Europe, par Koch, avec la table. *Basle*, 1796 et 1802, 6 *tom. rel. en* 4 *vol. in-8. bas. rac. dent.*

4--20   14. Recueil de Traités de paix, rassemblés par Léonard. *Paris*, 1693, 9 *vol. in-4. v. b.*

42--5   15. Recueil des principaux Traités de paix, par Martens. *Gottingue*, 1791, 9 *vol. in-8. v. rac. dent.*

8--5   16. Adami Adami Relatio histor. de pacificatione Osnabrugo-Monasteriensi, cum actis pacis Westphalicæ, accur. Godof. de Meiern. *Lipsiæ*, 1737, *in-4. v. m.*

17. Histoire des Guerres et des Négociations qui précédèrent le traité de Westphalie, par le P. Bou-

Saucot.

payant.

nesve.

Brunaud.

payant.
Le Roy.

Desforges.

achaintre.

Le meme

le meme.

payant.

Walckenaer.

payant.

payant.

La Ditte.

achaintre.

payant.

geant. *Paris*, 1767, 3 *vol. in-4. v. rac. dent.*

18. Actes et Mémoires des négociations de la paix   2
de Nimègue. *La Haye*, 1697, 4 *tom. en* 7 *vol.*
in-12. bas. = Histoire des Négociations de la
paix de Nimègue, par Disdier. *La Haye*, 1697,
in-12. bas.

19. Mémoires politiques, pour servir à l'intelli-   1 - - 50
gence de l'histoire de 'la paix de Ryswick. *La*
Haye, 1699, 4 *vol. in-12. vél.*

20. Actes et Mémoires concernant la paix d'Utrecht.   2
Utrecht, 1714, 6 *tom. rel. en* 7 *vol. in-12. bas.*

21. Frid. Aug. Guil. Wenckii Codex juris gentium,   4 - - 55
continens diplomata ab anno 1735, usque ad
annum 1772. *Lipsiæ*, 1781, 3 *vol. in-8. bas. rac.*

22. A Collection of treaties betwen great Britain,   2 - - 50
and other Powers, by George Chalmers. *Lon-*
don, 1790, 2 *vol. in-8. v. j.*

23. Les intérêts présens des Puissances de l'Eu-   2
rope, par Rousset. *La Haye*, 1733, 4 *vol.*
in-4. v. b.

24. Joan. Seldeni mare clausum, seu de dominio
maris lib. duo. *Lugd. Bat.* 1636, *in-4. fig. vél.*   2

25. La liberté des Mers, ou le Gouvernement anglois dévoilé, par M. Barère. *L'an VI*, 3 *vol.*
in-8. v. m.

26. Commentaire sur le Code criminel de l'An-   1 - - 50
gleterre, trad. de l'anglois de Blackstone, par
Coyer. *Paris*, 1776, 2 *vol. in-8. bas. rac.*

27. Constitutions des treize États unis de l'Amérique. *Paris*, 1792, 2 *vol. in-8. bas. rac. dent.*   2 - - 30

28. Défense des Constitutions américaines, par
John Adams, trad. de l'angl. par de La Croix.
Paris, 1792, 2 *vol. in-8. bas.*

SCIENCES ET ARTS.

PHILOSOPHIE.

Morale, Politique, etc.

29. Annæi Senecæ philosophi opera, cum castigat. And. Schotti. *Genevæ*, 1620, *in-8. vél.*

30. Œuvres philosophiques de Th. Hobbes, trad. en franç. *Neufchâtel*, 1787, 2 *vol. in-8. v. rac.*

31. Des Devoirs, ouvrage de Cicéron, trad. par Brosselard, avec le texte en regard. *Paris*, 1798, 2 *vol. in-12. bas.*

32. Ethocratie, ou le Gouvernement fondé sur la morale, (par d'Holbach.) *Amst.* 1776, *in-8. v. m.*

33. Traité du Gouvernement civil, par Locke, trad. de l'anglois. *Paris, l'an IV, in-4. cart. Pap. Vél.*

34. Le Fédéraliste, par MM. Hamilton, Madisson et Gay. *Paris*, 1792, 2 *vol. in-8. bas.*

35. Musladini Sadi Rosarium politicum, sive amœnum sortis humanæ theatrum, persicè et lat. cum notis Georg. Gentii. *Amstel.* 1651. = Jamblichi de Mysteriis liber, gr. et lat. ex vers. et cum not. Th. Gale. *Oxonii*, 1678, *in-fol. vél.*

36. Instituts politiques et militaires de Tamerlan, publ. par M. Langlès. *Paris*, 1787, *in-8. v. rac.*

37. Mémoires concernant les Impositions et Droits en Europe, par Moreau de Beaumont. *Paris*, 1787, 5 *vol. in-4. v. m.*

38. Recherches et Considérations sur les Finances de France, par Forbonnais. *Basle*, 1758, 2 *vol. in-4. v. m.*

39. Comptes rendus sur les Finances de la France,

achaintre.

francart.

payant.

Walckenaer

payant.
blaire.

les notes ne sont point au sedi.

Le tellier.

payant.
Le tellier.

36. ins.

Walckenaer.

payant.

Seguier.

payant.

Walckenaer.

a chaintre.

Croullebois.

47. feuil.

sous les règnes de Henri IV, Louis XIII et Louis XIV,
par Mallet. *Paris, 1789, in-4. br.* = De l'Admi-
nistration des Finances de France, par Necker.
1785, 2 *vol. in-4. br.* = Comptes rendus par le
même, et par de Calonne, 5 *vol. in-4. cart.*

40. Philosophus autodidactus, sive Epistola Abi
Jaafar, Ebn tophail de hai ebn yokdhan, in qua
ostenditur quomodo ex inferiorum contempla-
tione ad superiorum notitiam ratio humana
ascendere possit, arab. et lat. ex vers. Edv. Po-
cockii. *Oxonii, 1700.* = Historia imperii vetust.
Joctanidarum, arab. et lat. ex Abulfeda et aliis
excerpta. *in-4. dem. rel.*

Histoire naturelle, etc.

41. C. Plinii Sec. Historiæ naturalis libri XXXVII,
cum not. J. Harduini. *Parisiis, 1723, 3 vol.
in-fol. v. f.*

42. Lettres d'un Professeur de l'Université de
Paris, (Crevier), sur le Pline du P. Hardouin.
Paris, 1725 et 1727, in-12. v. m.

43. C. Plinii Secundi Historia naturalis, cum in-
terpret. et notis Harduini, et ex recensione
J. G. F. Franzii. *Lipsiæ, 1778, 10 vol. in-8. dem.
rel. pap. maroq.*

44. Histoire naturelle de Pline, trad. en françois,
avec le texte latin, par Poinsinet de Sivry. *Paris,
1771, 12 vol. in-4. bas.*

45. Castigationes Plinianæ Hermolai Barbari.
Romæ, 1493, in-fol. v. b.

46. Joan. Scoti Erigenæ de divisione Naturæ,
lib. v. *Oxonii, 1681, in-fol. vel.*

47. Traité de Minéralogie, par Brochant. *Paris,
an IX, 2 vol. in-8. br. et atlas in-4.*

48. Journal des Mines, publié par l'agence des
mines. *Paris, l'an III, in-8. les n°s 1 à 54 br.
en cahiers.*

49. Atlas du Traité de minéralogie d'Haüy. *Paris,* 1801, *in 4. obl. cart.*

50. Gemmarum et Lapidum Historia, auct. Ans. Boetio de Boot. *Lugd. Bat.* 1636, *in-8. fig. v. m.*

51. Psellus de Lapidum virtutibus, gr. et lat. cum notis Ph. Jac. Maussaci. *Lugd. Bat.* 1745, *in-8. dem. rel. dos de mar.*

52. Essai de Cristallographie, par de Romé de l'Isle. *Paris,* 1772, *in-4. fig. cart. Pap. de Holl.*

53. Cristallographie, ou Description des formes propres à tous les corps du règne minéral, etc. par de Romé de l'Isle. *Paris, de l'Impr. de Monsieur,* 1783, 4 *vol. in-8. tirés sur Papier in-4. cart.*

54. Histoire naturelle des Animaux d'Aristote, en grec et en françois, trad. par Camus. *Paris,* 1783, 2 *vol. in-4. bas.*

55. Æliani de natura Animalium libri XVII, gr. et lat. cum not. var. curante Abr. Gronovio. *Londini,* 1744, 2 *vol. in-4. v. porph. dent.*

56. Tableau des Aranéides, par M. Walckenaer. *Paris,* 1805, *in-8. fig. br.*

57. Guill. Pisonis Historia naturalis Brasiliæ. *Lugd. Bat. apud Lud. Elzevirium,* 1648, *in-fol. fig. v. b.*

58. Steph. Roderici Castrensis, med. posthuma de spiritibus disceptatio, accessit ejusd. auct. controversiola de maris salsedine. *Florentiæ,* 1641, *in-8. v. f.*

59. Rapport du physique et du moral de l'Homme, par Cabanis. *Paris,* 1805, 2 *vol. in-8. br.*

60. Recherches sur la découverte de l'Essence de Rose, par M. Langlès. *Paris, impr. imp.* 1804, *in-12. br.* ~~Pap. Vél.~~

61. Recherches phys. et chim. sur la Fabrication de la Poudre à canon, par Charpentier Cossigny. *Paris,* 1807, *in-8. Pap. Vél.*

Brunaud.

51. Men.

Brunaud.

Brunaud.

Rochette.

Walckenaer.   piqué de vert.

57. Ro.
58. And.

payant.

60. Men.

Simonnet.

62. Beu. pxt   gregoire.
                                simonnet.

66. ins. X.

                                maginel.

                                payant.

                                gregoire

                                gregoire

Mathématiques, Astronomie, etc.

62. Histoire des Mathématiques, par Montucla. Paris, *l'an VII*, 4 *vol. in-4. fig. v. m.*

63. Cours de Mathématiques à l'usage de la marine, par Bezout. *Paris, 1801, 6 vol. in-8. fig. br.*

64. Rob. Huntingtoni Epistolæ, et vet. mathematicorum græcorum, latinorum et arabum synopsis, collect. Edw. Bernardo. *Londini, 1704, in-8. br.*

65. Euclide trad. in italiano per Nic. Tartalea. In *Vinegia, 1543, in-fol. fig. vél.*

66. Theonis Smyrnæi eorum quæ in mathematicis ad Platonis lectionem utilia sunt, expositio, gr. et lat. ex vers. et cum not. Ism. Bullialdi. *Lut. Paris. 1644, in-4. v. rac. dent.*

67. Mathematical Dissertations on a variety of physical and analytical subjects, by Th. Simpson. *London, 1743, in-4. dem. rel.*

68. Observations d'un Dialecticien sur les quatre-vingt-onze Questions de mathématique, de physique, etc. adressées par l'institut de France à l'intitut d'Egypte. *Paris, l'an VI, in-4. dem. rel.*

69. Elémens d'Algèbre, par M. La Croix. *Paris, 1804, in-8. br.*

70. Essais de Géométrie, Traité de trigonométrie rectiligne, et complément des Elémens d'Algèbre, par M. La Croix. *Paris, 1802 et ann. suiv.* 3 *vol. in-8. fig. br.*

71. Application de l'Algèbre à la Géométrie, par Guisnée. *Paris, 1753, in-4. fig. v. m.*

72. Elémens de Géométrie, par M. Le Gendre. *Paris, 1804, in-8. fig. br.*

73. Géométrie descriptive, par M. Monge. *Paris, an VII, in-4. fig. br.*

74. De la corrélation des figures de Géométrie, par M. Carnot. *Paris, 1801, in-8. fig. br.*

75. Méchanique analytique, par M. de La Grange. *Paris*, 1788, *in-4. bas.*

76. Théorie des fonctions analytiques, par M. de La Grange. *Paris*, *l'an v*, *in-4. br.*

77. De la résolution des équations numériques de tous les dégrés, par M. de la Grange. *Paris*, *l'an vi*, *in-4. bas.*

78. Traité analytique des courbes et des surfaces du second degré, par M. Biot. *Paris*, 1802, *in-8. fig. v. éc.*

79. Canon mathematicus, seu ad triangula, cum appendic. *Lutetiæ*, 1579, *in-fol. v. b.*

80. Tables des Logarithmes, par Callet. *Paris*, *Didot*, 1795, 2 *vol. in-8. bas.*

81. J. H. Lambert supplementa tabularum Logarithmicarum, curante Ant. Felkel. *Olisiponæ*, 1798, *in-4. br.*

82. Alfragani elementa Astronomica, arab. et lat. opera Jac. Golii. *Amst.* 1669, *in-4. vél.*

83. Tabulæ Stellarum fixarum ex observatione Ulugh Beighi, persicè et lat. ex vers. et cum comment. Th. Hyde. *Londini*, 1665, *in-4. v. rac. dent.*

84. El eclipse de Sol, con el anillo refractorio de sus rayos, observado en el occeano, en el navio el España, mandada por don Ant. de Ulloa. *En Madrid*, 1779, *in-4. fig. bas.*

85. Ephemerides astronomicas calculadas para o de Navigaçaõ portugueza. *Coïmbra*, 1806, *in-4. br. le tom. 4.*

86. Cl. Ptolemæi omnia quæ extant opera, præter geographiam. *Basileæ*, 1551, *in-fol. v. rac. dent.*

87. Proclus de Sphæra, Cleomedes de mundo, Arati phœnomena, Dionysii orbis descriptio, omnia gr. et lat. *Antuerp.* 1553, *in-8. m. r.*

88. Sphæra Joan. de Sacro Bosco emendata, cum scholiis Eliæ Vincti. *Lutetiæ*, 1556, *in-8. fig. cart.*

gregorio.

le même

Bachelier.

payant.

Bachelier.

Bachelier.

magind.

84. Ro. x.

85. C.

86. wale.

87. ins.

89. C.

90. ins. Wals.   Walckenaer.

91. ins.

                                                      payant.

                                                      Bacheliar.

95. Ro. 5.

96. Men.

                                                      payant.
98. emer.   Walckenaer.

                                                      La Bitte.

89. Textus de sphera Joan. de Sacro Bosco. = Geometria speculativa Th. Bravardini. *Parisiis,* 1495, 2 *part. en* 1 *vol. in-fol. fig.* non rel. } 3 - - - ₰

90. Globus celestis Cufico arabicus veliterni musei Borgiani, a Sim. Assemano illustr. *Patavii,* 1790, *in-4. bas.* 12 -

91. Mémoire sur l'origine des constellations et sur l'explication de la fable par le moyen de l'astronomie, par Dupuis. *Paris,* 1781, *in-4. cart.* 4 - -

92. Astrolabium planum in tabulis ascendens, etc. a Joan. Angeli. *August. Vindel.* 1488, *in-4. fig. goth.* non rel, 1 - 50 -

93. Le Portulan de la mer Méditerranée, ou le Guide des pilotes costiers, par Henri Michelot. *Amst.* 1709, *in-4. br.* }

94. Mécanique philosophique, ou Analyse raisonnée de la science de l'équibre et du mouvement, par M. Prony. *Paris, l'an VIII, in-4. cart.* } 3 - 70 -

95. Traité élémentaire de mécanique, par Francœur. *Paris,* 1804, *in 8. fig. br.* 3 - - - ₰

96. Arriani ars tactica, gr. et lat. cum not. var. et ex recens. Nic. Blancardi. *Amstel.* 1683, *in-8. vél.* 6 - - ₰

BELLES-LETTRES.

Grammaires et Dictionnaires de différentes Langues.

97. Elementa Linguæ persicæ, auct. Joan. Gravio. *Londini,* 1649, *in-4. bas.* 4 - 55 -

98. Joan. Verwey nova via docendi græca. *Amst.* 1737, *in-8. vél.* 10 - 10 -

99. Doctrinæ particularum Linguæ græcæ, auct. Henr. Hoogeveen. *Lugd. Bat.* 1769, 2 *tom. rel,* en 1 *vol. in-4. v. rac. dent.* 27 -

120 - - 100. Totius latinitatis Lexicon cura Jac. Faccio-
lati, opera et studio Ægid. Forcellini. *Patavii*,
1771, 4 *tom. rel. en* 2 *vol. in-fol. vél.*

4 - - 101. Elémens raisonnés de la Grammaire françoise, par Roullé. *Paris, an* V, 3 *vol. in-*8. *br.*
102. Traité de l'Orthographe françoise, par Res-
taut, revue par Cl. Fél. Roger. *Paris, l'an* IX,
2 *vol. in-*8. *bas. rac.*

27 - - 103. Dictionnaire de l'Académie françoise, cinquième édit. *Paris, l'an* VII, 2 *vol. in-*4. *bas.*

5 - - 104. Dictionnaire comique, satirique, burles-
que, etc. par Le Roux. *Pampelune*, 1786,
2 *vol. in-*8. *bas.*

5 - -5 - 105. Dictionnaire languedocien-françois. *Nîmes*,
1785, 2 *vol. in-*8. *dem. rel.*

16 - - 106. Dictionnaire de la Langue bretonne, par L. Le
Pelletier. *Paris*, 1752, *in-fol. v. m. Gr. Pap.*

7 - -95 107. Dictionnaire roman, walon, celtique et tu-
desque. *Bouillon*, 1777, *in-*4. *v. m.*

2 - -35 108. Grammaire allemande de Gottsched. *Strasbourg*, 1794, *in-*8. *cart.*
109. Nouvelle Grammaire allemande, par Mei-
dinger. *Paris*, 1801, *in-*8. *dem. rel.*

5 - - 110. Dictionnaire allemand-françois, et françois-
allemand à l'usage des deux nations. *Strasbourg,*
1782, 2 *vol. in-*4. *bas.*

8 - - - 111. Dictionnaire françois-anglois, et anglois-
françois, par Chambaud. *Paris*, 1776, 2 *vol.
in-*4. *bas.*

Orateurs. Poëtes grecs et latins.

2 - -5 112. De l'Éloquence et des Orateurs anciens et
modernes, par Ferri de Saint-Constant. *Paris*,
1805, *in-*8. *br.*

9 - -10 113. Hermogenis Ars oratoria, gr. et lat. ex vers.
et cum not. Gasp. Laurentii. *Coloniæ Allobro-
gum*, 1614, *in-*8. *v. porph. dent.*

D - - 104 Double bro.

Merlin.   100. f°.

payant.

allais.

magind.   104. ins.
La Sitte.
francart.

Letellier.

th. Dawois fils.

Sylvestre.

francart.

Walckenaer.

                                     113. ins.
                                     104 Double feuillet

payant.

La Ditte

Brunard.

Brunard.

a chàistn

Le Roy

119. Cur.

121. gui. Men. *

payant.

114. Demosthenis et Æschinis quæ supersunt omnia, gr. et lat. ex vers. et cum not. Ath. Auger. *Parisiis, Didot*, 1790, *in-4. v. porph. dent. Pap. Vél.* Tomus primus. 9 -- 80.

115. M. F. Quintiliani de oratoria Institutione libri XII, ex recogn. Cl. Capperonerii. *Parisiis*, 1725, *in-fol. v. br. Ch. Mag.* 20 -- 60.

116. Homeri Odyssea, Batrachomyomachia et Hymni, gr. et lat. *Argentorati, Rihelius, in-8. dem. rel.* 5 -- 40.

117. Anacreontis Carmina, gr. et lat. operâ et studio Jos. Barnes. *Cantab.* 1705, *in-12. v. rac. dent.* 10 -- 95.

Exemplaire avec les trois portraits.

118. Anacreontis Carmina, gr. cum not. *Argentorati*, 1786, *in-12. v. j.* 2 -- 5.

119. Théâtre d'Eschyle, en grec et en franç. trad. par M. Dutheil. *Paris, l'an III*, 2 *vol. in-8. fig. v. rac. dent. Pap. Vél.* 20.

120. Aristophanis Nubes, gr. et lat. ex recens. Lud. Kusteri. *Harderovici*, 1744, *in-8. br.* 2.

121. Menandri et Philemonis Reliquiæ, gr. et lat. cum notis H. Grotii et J. Clerici. *Amstel.* 1709. = Emendationes in Menandri et Philemonis Reliquias, aut. Phileleuthero Lipsiensi, (R. Bentleio.) *Traj. ad Rhen.* 1710. = Philargyrii Cantabrigiensis, (J. C. de Pauw) emendationes in Menandri et Philemonis Reliquias, etc. *Amst.* 1711, 3 *part. en* 1 *vol in-8. vél.* = Infamia emendationum in Menandri Reliquias, auct. Phileleuthero Lipsiensi. *Lugd. Bat.* 1710, *pet. in-12. v. porph. dent.* 29 -- 95.

122. Emendationes in Menandri et Philemonis Reliquias, auct. Phileleuthero Lipsiensi, (R. Bentleio.) *Traj. ad Rhen.* 1710, *in-8.* = Decreta Romana et Asiatica pro Judæis ad cultum divinum per Asiæ Minoris urbes secure obeun- 4 -- 50.

dum , etc. edente Jac. Gronovio. *Lugd. Bat.*
1712 , *in-8.* == Recensio brevis mutilationum
quas patitur Suidas in editione Cantabrigiæ ,
anni 1705. *Lugd. Bat.* 1713 , *in-8.* == Joan. Jen-
sii oratio de urbibus ac locis per Asiam et Eu-
ropam veterem Neocoris. *Dordraci*, 1709 , *in-8.*
vél.

24 . 50   123. Poetæ latini minores , cum not. var. curante
Pet. Burmanno. *Leidæ*, 1731 , 2 *vol. in-4. vél.*

47 - —   124. Poetæ latini minores , curante Jo. Chr.
Wernsdorff. *Altenburgi*, 1780 , 6 *vol. in-8.*
v. rac. dent.

2 - — .   125. Venatici et Bucolici poetæ latini. *Hanoviæ*,
1613 , *in-8.* == Cl. Rutilii itinerarium , ex recens. et cum animadv. Casp. Barthii. *Francof.*
1623 , *in-8. vél.*

9 -- 10.   126. Albii Tibulli quæ extant, cum not. var. *Ams.*
1708 , *in-4. v. porph. dent.*

7 -- 15   127. Sexti Aurelii Propertii elegiarum lib. IV , cum
not. var. *Amst.* 1702, *in-4. v. porph. dent.*

20 -- 25   128. Virgilii Opera, cum not. var. et ex recognit.
Pancratii Masvicii. *Leovardiæ*, 1717, 2 *vol. in-4.*
dem. rel. dos de mar. non rogné.

18 -- 50   129. Virgilii Opera. *Glasguæ, Foulis*, 1778, *in-fol.*
dem. rel. Ch. Mag. non rogné.

9 -- 30   130. P. Virgilii Maronis Opera, ex recens. Brunckii. *Argentorati*, 1785, *in-8. v. rac. dent.*

11 -- 95   131. P. Virgilii Maronis Opera , ex recens. Ric.
Ph. Brunckii. *Argentor.* 1789, *in-4. dem. rel.*
Pap. Vél.

1 -- 50   132. L'Enéide de Virgile , trad. en vers françois,
(par Boissière.) *Paris*, 1803 , *in-8. br.*

9 -- 95   133. Q. Horatii Flacci Eclogæ, ex recens. Willel.
Baxteri. *Londini*, 1701 , *in-8. dem. rel.* non
rogné.

11 -- -- 134. Phædri Fabulæ, cum not. var. cur. Pet. Burmanno. *Amst.* 1698 , *in-8. v. porph. dent.*

rochette.

la bitte.

achaintre.

Brunaud.

Brunaud.

le meme.

le meme.

payant.

Brunaud.

le meme.

payant.

payant.

124. fenil. cheap.

Walckenaer.

payant.

achaintn.

Letellier.

achaintn.

Walckenaer.

140. C.

142. C.

Brunard.

Le Roy.

Bizet.

Bizet.

Brunard.

Mlle Dubray.

146. ins.

135. Phædri Fabulæ, ac Pub. Syri Sententiæ. *Au-* 2.
reliæ, 1773, *in-32. m. r.*

136. M. Accii Plauti Comœdiæ, cum not. var. stud. 17 — 95.
Jo. Aug. Ernesti. *Lipsiæ*, 1760, 2 *vol. in-8.*
v. porph. dent.

137. P. Terentii Comœdiæ, cum not. var. *Lugd.* 3.
Bat. 1644, *in-8. vél.*

138. P. Terentii Comœdiæ, cum not. var. curante 30. 95.
H. Westerhovio. *Hag. Com.* 1726, 2 *vol. in-4.*
dem. rel. non rogné.

139. P. Terentii Comœdiæ, cum not. var. et ex 17. 50.
recens. Jo. Car. Zeunii. *Lipsiæ,* 1774, 2 *vol. in-8.*
v. porph. dent.

140. P. Terentii Comœdiæ. *Basileæ,* 1797, *gr. in-4.* 6. —
dem. rel. *Pap. Vél.*

141. Pub. Terentii Comœdiæ, edidit Fr. Henr. 8. 30.
Bothe. *Berolini,* 1806, *in-8. v. porph.*

142. Recentiores poetæ latini et græci selecti quin- 5. —
que, curis Jos. Oliveti collecti. *Lugd. Bat.* 1743,
in-8. vél.

Poètes françois, etc.

143. Fables de La Fontaine, avec les Contes, les 16. 25.
Œuvres diverses et les Amours de Psyché et de
Cupidon, par le même. *Paris,* 1803 et 1804,
5 *vol. in-12. v. porph. dent. fig.*
Edition stéréot. d'Herhan.

144. Les Jardins et l'Homme des Champs, poëmes, 7. 5.
par M. Delille. *Paris,* 1801 et 1805, 2 *vol. in-8.*
fig. v. rac.

145. La Pitié, poëme, par M. Delille. *Paris,* 1803, 2. 15.
in-12. fig. cart. Pap. Vél.

146. La Navigation, poëme, par Esmenard. *Paris,* 4. 5.
1806, *in-8. fig. br.*

147. Œuvres de Molière, avec les remarques de 60. 5.
Bret. *Paris,* 1773, 6 *vol. in-8. fig. v. j.*

148. Opere di Metastasio. *In Parigi,* 1780, 12 *vol.* 79. 5.
2. 20.

146 la 1ère Édit. 2 vol — — — — — — — — — — — —

in-8. *fig. br.* = Opere postume del medesimo.
In Vienna, 1795, 3 *vol. in*-8. *br.*

Facéties, Romans, etc.

149. Nugæ venales, sive Thesaurus ridendi et jo-
candi. 1648, *in*-12. *vél.*

150. L'Eloge de la Folie, trad. du latin d'Erasme,
par Gueudeville. 1751 , *in*-4. *fig. v. f.*

151. Apologie pour Hérodote, par Henri Estienne,
avec les remarques de Le Duchat. *La Haye*,
1735 , 3 *vol. in*-12. *v. m.*

152. L'Ecole des Francs-Maçons. *Jérusalem*, 1748.
= Recueil de Poésies maçonnes. *Jérusalem*,
1748 , 2 *part. en* 1 *vol. in*-12. *v. br.*

153. Novelle di Giam-batista Casti. *Parigi*, 1804,
3 *vol. in*-8. *br.*

154. Les Aventures de Télémaque, par Fénelon,
trad. en vers allemands. 1727, *in-fol. fig. v. m.*

155. Mémoires du comte de Grammont, par Hamilton. *Londres,* (*Cazin*), 1781 , 2 *vol. in*-18.
v. éc.

156. Martiani Capellæ Satyricon, cum notis Hug.
Grotii. *Ex Offic. Plantiniana*, 1599, *in*-8. *vél.*

157. Lettre critique de F. J. Bast à M. Boisson-
nade, sur Antoninus Liberalis, Parthenius et
Aristénète. *Paris,* 1805 , *in*-8. *v. porph. dent.*
Pap. Vél.

Polygraphes françois et étrangers. Epistolaires.

158. Œuvres de Louis xiv. *Paris,* 1806, 6 *vol.*
in-8. *v. éc.*

159. Œuvres de Dumarsais. *Paris,* 1797 , 7 *vol.*
in-8. *bas. rac.*

160. Œuvres de Montesquieu. *Paris,* 1796, 5 *vol.*
gr. in-4. *fig. cart.*

Le tellier.

fagolle.

Charron

fagolle.

fagolle.

~~Royez~~ payant ce n'étoit que le 1er Volume .

Walckenaer.   gaté.

Sainson

Le tellier.

153. ~~deb.~~ fro. n.t

155. deb. fro. p.t
wale.

156. gui.
157. Men.

160 feuill.

162. Walck. abo[t]

164. Walc. 75[t]

168 revu du imparfait du tome XVI.

francart.

pichard.

blaise

La Bitte.

Le tellier.

Deschamps.

Letellier.

payart
~~francart~~

gregoire.

La Bitte.

Marievaine.

Saisson

payart.

m^lle Dubray.

Letellier.

161. Œuvres d'Helvétius. *Paris*, 1792, 5 *vol. in-*8. *15 - -95.*
v. porph. dent.

162. Œuvres complètes de J. J. Rousseau. *Paris,* *240.*
Poinçot, 1788, 37 *vol. in-*4. *v. porph. dent.*
Pap. Vél. fig. avant la lettre. Les planches de
la botanique coloriées sont en feuilles.

163. Collection complète des Œuvres de Mably. *20.*
Paris, 1794, 15 *vol. in-*8. *bas. éc.*

164. Œuvres de Condillac. *Paris*, 1798, 23 *vol.* *77 - -5.*
in-8. *v. f.*

165. Œuvres philosophiques, historiques et litté- *80 .- 5*
raires de d'Alembert. *Paris*, 1805, 18 *vol. in-*8.
v. éc. dent.

166. Œuvres diverses de J. J. Barthélemy. *Paris*, *4 .-50.*
l'an VI, 2 *vol. in-*8. *br.*

167. Œuvres de Machiavel, trad. par Guiraudet. *34 .*
Paris, 1803, 9 *vol. in-*8. *v. rac. fil.*

168. Opere dell' abbate Melchior Cesarotti. *Pisa,* *60 -5.*
1800, 24 *vol. in-*8. *br.* - - - - - - - - *36- -95*

169. Œuvres complètes de Frédéric Second, roi *11 --95.*
de Prusse. *Potsdam*, 1803, 23 *vol. in-*8. *br.*

170. Œuvres de Gellert, en allemand. *Leipsick*, *8 --95.*
1784, 10 *tom. en* 5 *vol. in-*8. *v. rac.*

171. Œuvres de Goethe, en allemand. *Tubinge*, *6.*
1806, 4 *vol. in-*8. *v. rac.*

172. Œuvres diverses de Th. Payne. *Paris, l'an 11,* *5 .-5.*
3 *vol. in-*8. *v. rac.*

173. Des. Erasmi colloquia, cum not. var. accur. *3 .-40.*
Corn. Schrevelio. *Lugd. Bat.* 1664, *in-*8. *vél.*

174. Libanii Sophistæ Epistolæ, gr. et lat. ex *6 --5.*
vers. et cum not. Jo. Ch. Wolfii. *Amstel.* 1738,
in-fol. v. m.

175. Epistolæ obscurorum Virorum ad M. Ortui- *2 .*
num Gratium. *Londini*, 1710, *in-*12. *cart.*

HISTOIRE.

GÉOGRAPHIE.

Géographes anciens et modernes, grecs et latins, françois, etc.

176. Considérations sur l'étude et les connoissances que demande la composition des ouvrages de Géographie, par d'Anville. *Paris*, 1777, *in-8. br.*

177. De Duplici viventium terra, dissertatio paradoxica, auct. Jos. Anton. Gonçales de Salas. (Epitomæ geographicæ et historicæ.) *Lugd. Bat. apud Elzevirios*, 1650, *in-4. m. r.*

178. The oriental geography of Ebn Haukal, translated by Will. Ouseley. *London*, 1800, *in-4. fig. v. rac. dent.*

178. Jo. Dav. Michaelis spicilegium geographiæ Hebræorum exteræ, post Bochartum. *Gottingæ*, 1769, *2 tom. en* 1 *vol. in-4. v. porph. dent.*

180. Luc. Holstenii annotationes in Geographiam sacram Car. a Sancto Paulo, Italiam antiq. Cluverii, et in thesaurum geograph. Ortelii. *Romæ*, 1665, *in-8. v. b.*

181. Binæ tabulæ geographicæ, una Nassir Eddini Persæ, altera Ulug Beighi Tatari, arab. et lat. studio Joan. Gravii. *Londini*, 1652, *in-4.* = Astronomica quædam, ex traditione Shal Cholgii, persice et lat. studio Jo. Gravii. *Londini*, 1652, *in-4. vél.*

182. Periplus Scylacis Caryandensis, gr. cum translat. et castigat. Isa. Vossii; accedit Anonymi periplus Ponti Euxini, cum ejusd. Vossii vers. ac notis. *Amstel.* 1639, *in-4. v. porph. dent.*

Le tellier.

M. Walckenaer.

178. C. ins.

181. ins.

Walckenaer

184. Mem. Ins.

M. Walckenaer.

le même.

le même.

le même.

Treuttel.

magind.

189. C.
190. Mem. Ins.

piqué.

194. Ins.

Walckenaer.
Treuttel.

183. Geographica antiqua, hoc est Scylacis peri- *3 - - 50 .*
plus maris Mediterranei. Anonymi periplus
Maeotodis Paludis, etc. gr. et lat. edente Jac. Gronovio. *Lugd. Bat.* 1697, *in-4. fig. v. porph.*

184. Geographica antiqua, hoc est Scylacis peri- *17 .*
plus maris Mediterranei, etc. gr. et lat. cum
not. var. et emendat. Jac. Gronovii. *Lugd. Bat.*
1700, *in-4. v. porph. dent.*

185. Varia Geographica, Jo. Fred. Gronovii dissert. *3 - - 5*
de Gothorum sede originaria, adversus Phil.
Cluverium, etc. *Lugd. Bat.* 1739, *in-8. v. porph.*

186. Geographia poetica, id est universæ terræ *2 .*
descriptio, ex optimis ac vetustis Latinis poetis,
studio Lamb. Danæi. 1579. *in-8. v. porph.*

187. Géographie des Grecs analysée, où les Sys- *34 .*
têmes d'Eratosthènes, de Strabon, etc. com-
parés entre eux, par M. Gossellin. *Paris,* 1790,
gr. in-4. fig. v. rac. dent. = Recherches sur la
Géographie systématique et positive des Anciens,
par le même. *Paris, l'an VI, 2 vol. gr. in-4.
fig. v. rac. dent.*

188. Aug. Guil. Schlegel de Geographia homerica *1 - - 50 .*
comment. *Hanoveræ,* 1788, *in-12. dem. rel.*

189. De Aristotelis geographia prolusiones sex, *2 - - 50 - D .*
auct. B. H. Koenigsmann. *Slesvici, in-4. dem. r.*

190. Erathostenis geographicorum fragmenta, gr. *2 - - 20 - D .*
et lat. edente Seidel. *Goettingæ,* 1789, *in-8.
dem. rel. dos de m.*

191. Strabonis geographia, gr. et lat. cum not. *70 - - - D .*
var. et ex recens. Jans. ab Almeloveen. *Amst.*
1707, *2 vol. in-fol. v. j.*

192. Strabo de Situ orbis, lat. *Joan. Vercellensis* *5 .*
impress. 1494, *in-fol. v. porph. dent.*

193. Géographie de Strabon, trad. du grec en *26 .*
françois, (par MM. Dutheil, Gossellin et Coray.)
Paris, de l'impr. impér. 1805, *gr. in-4. fig. br.*

194. Th. Tyrwhitti conjecturæ in Strabonem, cum *3 - - 5 - D .*

præf. Chr. Harles. *Erlangæ*, 1788, *in-12. dem. rel. dos de mar.*

195. Dionysii orbis Descriptio, Arati astronomi- con, Procli sphæra, gr. et lat. cum scholiis Ceporini. *Basileæ*, 1523, *in-8. m. v.*

196. Dyonisius Alexandrinus de Situ orbis, gr. cum comment. Eustathii. *Lutetiæ, Rob. Ste- phanus*, 1547, *in-4. m. v.*

197. Dionysii orbis Ambitus, gr. et lat. *Parisiis, ap. Guil. Morelium*, 1556, *in-4. m. bl. dent.*

198. Dionysius de Situ orbis, gr. et lat. cum cas- tigat. Bern. Bertrandi. *Basileæ*, 1556, *in-8. v. j.*

199. Dionysii Alexandrini de Situ orbis liber, gr. et lat. interp. Andrea Papio. Musæus de Herone et Leandro, gr. et lat. interp. eodem *Antuer- piæ*, 1575, *in-8. v. porph. dent.*

200. Dionysii Alexandrini et Pomp. Melæ Situs orbis Descriptio, gr. et lat. Æthici Cosmogra- phia, C. Jul. Solini polyhistor, etc. *Excud. Henr. Stephanus*, 1577, *in-4. m. v.*

L'on trouve beaucoup de notes manuscrites sur les marges, qui, d'après une note inscrite dans le volume, sont de la main de Scaliger.

201. Idem Dionysius Alexandrinus, ex eadem H. Stephani editione. 1577, *in-4. m. v.*

Ce volume est accompagné de notes manuscrites, que l'on dit être de la main de Berkelius.

202. Dionysius de Situ orbis, gr. et lat. *Mussi- ponti*, 1620, *in-12. dem. rel.*

203. Dionysii poemation de Situ orbis, gr. *Cantab.* 1633, *in-12. dem. rel.*

204. Dionysii orbis Descriptio, gr. et lat. cum Comment. Guill. Hill. *Londini*, 1658, *in-8. fig. v. j.*

205. Dionysius Alexandrinus de Situ orbis, gr. et

195. Men. ins.

196. Men.

Walckenaer.
a chaintre.
payant.

200 C.

201. C.

202. C.

203. C.

a chaintre.

Walckenaer.

206. C.

207. C.

Walckenaer.
La Bitte.

210. C.

Walckenaer.

213. C.

214. Men.

francort.

215. Ins.

216. gui.

Walckenaer.

a chaintre.

a chaintre.

lat. ex recens. Tanaq. Fabri. *Salmurii,* 1672 , *in-8. m. v.*

206. Dionysii orbis Descriptio, gr. et lat. cum Comment. crit. et geogr. a Guill. Hill. *Londini,* 1679 , *in-8. fig. vél.* — 3 .. 95 ..

207. Dionysii Geographia, gr. et lat. edente Edw. Wells. *Londini,* 1718 , *in-8. fig. v. b.* — 5 - - -

208. Dionysii Geographia, gr. et lat. edente Edw. Wells. *Londini,* 1726 , *in-8. fig. v. j.* — 5

209. Dionysii Alexandrini de Situ orbis liber, gr. et lat. interp. And. Papio, ut et Aristophanis Plutus, cura Sig. Havercampi. *Lugd. Bat.* 1736 , *in-8. vél.* — 4 .

210. Dionysius de Situ orbis, latine interpretatus per Fannium. *Absque loci et anni nota, in-4. dem. rel. dos de mar.* — 3 - - - -

211. Dionysius de Situ orbis, lat. redd. *Venetiis,* Hailbrun , 1478 , *in-4. mar. v.* — 5 .. 15 .

212. Dionysius de Situ orbis. *Venetiis, per Christ. de Pensis,* 1498 , *in-4. dem. rel. dos de mar.*

213. Dionysius de Situ orbis. *Parisiis,* 1501, *in-4. dem. rel. dos de mar.* — 3 - - -

214. Denys Alexandrin, de la Situation du Monde, trad. en vers françois, par Benigne Saumaize. *Paris,* 1597 , *in-12. m. v.* — 13 -

215. Rufi Festi Avieni Descriptio orbis Terræ, cum not. var. et ex recens. H. Friesemanni. *Amst.* 1786 , *in-8. dem. rel. dos de m.* — 4 - - - -

216. Plutarchi Libellus de fluviorum et montium nominibus, et de his quæ in illis inveniuntur, gr. et lat. ex vers. et cum not. Jac. Maussaci. *Tolosæ,* 1615, *in-8. v. rac.* — 4 - - -

217. Idem Plutarchus de fluviorum nominibus, edente eodem. *Tolosæ,* 1610, *in 8. v. porph.* — 2 - 50 .

218. Arriani Ponti Euxini et maris Erythrei periplus, e græco in latinum versus , per Jo. Guil. Stuckium. *Lugduni,* 1577, *in-fol. v. porph. dent.* — 4 .. 55 .

216 Double v. 6. tns rogné - - - - - - - - 1 .. 50 .

219. Cl. Ptolemæi Geographia, gr. et lat. per Ger. Mercatorem recognita, et cum castigat. Pet. Montani. *Francof.* 1605, *in-fol. fig. v. b.*

220. Cl. Ptolemæi Alexand. Theatrum geographiæ veteris, gr. et lat. stud. P. Bertii. *Lugd. Bat. Elzev.* 1618, *in-fol. v. m. fig.*

Exemplaire avec la signature de Bertius, et son portrait, qui ne s'y trouve pas ordinairement.

221. Cl. Ptolemæi Cosmographiæ libri octo. *Vicenciæ, ab Herman. Levilapide impr.* 1475, *in-fol. rel. en bois.*

222. Ptolemæi Geographia. *Ulmæ,* 1482, *in-fol. fig. v. b.*

Toutes les cartes de cet exemplaire, ainsi que les lettres initiales, sont coloriées.

223. Cl. Ptolemæi Alex. Cosmographia, accedit Nicolai Donis Tractatus de Locis et Mirabilibus mundi. *Impressum Ulmæ Opera Justi de Albano de Venetiis per provisorem suum Joh. Reger,* 1486, *in-fol. v. b. avec des cartes.*

224. Cl. Ptolemæi Geographia. *Argentinæ,* 1513, *in-fol. max. fig. vél.*

225. Ptolemæi Geographia. *Argentorati,* 1520, *in-fol. fig. vél.*

226. Claud. Ptolemæi Geographicæ enarrationis lib. octo in lat. versi, et ex recognitione Mich. Villanovani, (Serveti). *Lugd.* 1535, *in-fol. fig. vél.*

227. Cl. Ptolemæi Geographia lat. versa. *Basileæ,* 1540. = Epitome trium terræ partium, Asiæ, Africæ et Europæ, per Joachimum Vadianum. *Tiguri,* 1534, *in-fol. vél.*

228. Geographia univers. vetus et nova, complectens Cl. Ptolemæi lib. viii, lat. *Basileæ,* 1540, *in-fol. fig. v. b.*

229. Cl. Ptolemæi Geographia, ex recogn. Mich.

a chaintn.

220. Men. ms.

Walckenaer.

magimel.

a chaintn.

avec des feuillets raccommodés dans
les marges.

taché de pourriture a la fin, et
imparfait.
criblé de vers.

pathico j.

magimel.

magimel.

rendu a ch. demaree.

magimel.

magimel.
a chaintn.
a chaintn.

Demanne.

le même.

le même.

fayolle.

Demanne.

235. C.

236. C.

fayolle.

fayolle.

238. C.

pathier j.º

Demanne

242. ins.

fayolle.

fayolle.

Villanovani, (Serveti). *Lugduni*, 1541 , *in-fol.*
fig. v. f.

230. Ptolemæi Geographia , lat. versa. *Basileæ* ,   6·
1542, *in-fol. fig. v. rac.*

231. Ptolemæi Geographia. *Basileæ*, 1545 , *in-*   4·
fol. fig. vél.

232. Ptolemæi Geographia. *Basileæ*, 1552 , *in-fol.*   5·
fig. vél.

233. Geographia Cl. Ptolemæi. *Venetiis* , 1562 ,   5·
in-4. fig. v. rac.

234. Ptolemæi Geographia , edente Jo. Ant. Ma-   3 — 40·
gino. *Coloniæ*, 1597, *in-4. fig. v. b.*

235. La Geografia di Cl. Tolemeo, tradotta di   5 — 95· Ɖ
greco in ital. da Girol Ruscelli. *In Venetia*,
1561, *in-4. fig. parch.*

236. La Geografia di Cl. Tolemeo, trad. di gr. in   4 — — — Ɖ
ital. da Aless. Ruscelli. *In Venetia*, 1564, *in-4.*
fig. v. f.

237. Il medesimo Tolemeo. *In Venetia*, 1574,   4·
in-4. fig. v. b.

238. Geografia di Tolemeo , dal sign. Gio. Ant.   12 — — — Ɖ
Magini. *In Venetia*, 1598, *in-fol. fig. vél.*

239. Joan. Ant. Magini Geographia vetus et nova,
in qua Ptolemæi Geograph. illustratur , etc.
Arnhemii, 1617, *in-4. fig. v. b.*   4 — 20·

240. Orbis antiqui Tabulæ geographicæ secun-
dum Cl. Ptolemæum. *Amstel.* 1730 , *in-fol.*
fig. vél.

241. Vetus Orbis descriptio græci scriptoris ,   3 — 90·
sub Constante imper. gr. cum duplici versione
et notis Jac. Gothofredi. *Genevæ*, 1628, *in-4.*
v. rac. dent.

242. Geographica Marciani Heracleotæ , Scylacis   10 — 95· Ɖ
Caryandensis , Artemidori Ephesii , Dicæarchi
Messenii, Isidori Characeni , gr. edita a Dav.
Hoeschelio. *Aug. Vindel.* 1600 , *in-12. m. r.*

243. Stephanus de Urbibus, gr. studio Guill. Xi-   6·

235 Double v-b. un peu piqué — — — — — — 5·

landri. *Basileæ*, 1568, *in-fol. v. porph. dent.*

244. Stephanus Byzantinus de Urbibus, gr. et lat. edent. Th. de Pinedo, Abr. Berkelio et Jac. Gronovio, cum notis Lucæ Holstenii. *Amstel. et Lugd. Batav.* 1678, 1692, 1694 et 1725, 4 *vol. in-fol. v. porph. dent.*

245. Genuina Stephani Byzantini de urbibus et populis fragmenta, gr. et lat. ex vers. et cum animadv. Abr. Berkelii. *Lugd. Batav.* 1674, *in-8. vél.*

246. Pomponii Melæ de Situ orbis libri tres, studio Hermolai Barbari. *sine loco et anno*, *in-4. dem. rel. dos de mar.*

247. Pomponii Melæ de Situ orbis lib. *Venetiis*, per *Franc. de Hailbrun*, 1478, *in-4. dem. rel. m. v.*

248. Pomponius Mela, Jul. Solinus, itinerarium Antonini, Vibius Sequester, P. Victor de regionibus urbis Romæ, Dionysius Afer de situ orbis, Prisciano interprete. *Venetiis*, *Aldus*, 1518, *in-8. v. éc.*

249. Pomponii Melæ de Situ orbis libri tres, cum comment. Joach. Vadiani. *Basileæ*, 1522, *in-fol. fig. v. porph. dent.*

250. Pomponius Mela de Situ orbis, cum annotat. P. J. Olivarii Valentini. *Parisiis*, 1539, *in-8. v. rac. dent.*

251. Pomponii Melæ de Situ orbis lib. tres. *Parisiis*, 1560, *in-4. v. f.*

252. Pomponii Melæ de Situ orbis lib. tres, ex recens. And. Schotti. *Antuerp.* 1582, *in-4. vél.*

253. Pomponii Melæ de situ orbis libri tres, Æthici Cosmosgraphia, Glareani descript. orbis terrarum. *Parisiis*, 1619, *in-18. m. v.*

254. Pomponii Melæ de Situ orbis lib. tres, cum not. Jac. Gronovii : Jul. Honorii excerpta Cosmographiæ edita ab eodem, etc. *Lugd. Batav.* 1696, *in-12. v. j.*

244. Mem. pour 1 vol.

Walckenaer.

246. C.

Francart.

Lachaintre.

250. C.

251. C.

252. C.

253. C.

254. C.

~~256. C.~~   Walckenaer.

         a chaintr.

257. C.

258. C.

         a chaintr.

260. C.

261. C.

262. C.

263. C.   Walckenaer.

         Walckenaer.
         le meme.
         a chaintr.

         le meme.

255. Pomponius Mela de Situ orbis, cum observat. *3 - 50*
Is. Vossii. *Franekerœ*, 1700, *in*-8. *m. v.*

256. Pomponii Melæ de Situ orbis lib. tres, cum *7 - 95*
not. var. curante Abr. Gronovio. *Lugd. Bat.*
1722, *in*-8. *vél.*

257. Pomponius Mela de Situ orbis. *Lugd. Bat.* *2 - 5 - đ*
1743, *in*-12. *vél.*

258. Pomponii Melæ de Situ orbis lib. tres, edente *1 - 50 - đ*
Henr. Adamo Meisnero. *Curiœ Variscorum*,
1744, *in*-8. *dem. rel. dos de mar.*

259. Pomponii Melæ de Situ orbis lib. tres, cum *12 - 50*
notis var. cur. Ab. Gronovio. *Lugd. Bat.* 1748,
in-8. *vél.*

260. Pomponii Melæ de Situ orbis lib. tres, edente *1 - 50 - đ*
H. A. Meisnero. *Curiœ Variscorum*, 1756,
in-8. *dem. rel. dos de m.*

261. Pomponii Melæ de Situ orbis lib. tres, ex re- *1 - 50 - đ*
cens. Gronoviana. *Lipsiœ*, 1773, *in*-8. *dem. rel.*
dos de m.

262. Pomponius Mela de Situ orbis, curante Joan. *1 - 50 - đ*
Kappio. *Curiœ Regnitianœ*, 1781, *in*-8. *dem.*
rel. dos de m.

263. Pomponii Melæ de Situ orbis lib. tres, cum *14 - 5*
notis var. curante Abrah. Gronovio. *Lugd. Bat.*
1782, 2 *vol. in*-8. *dem. rel. dos de m.*

264. Pomponii Melæ de Situ orbis lib. tres, cum *76 - - - đ*
not. var. curante Car. Henr. Tzschuckio. *Lipsiœ,*
1807, 3 *tom. rel. en* 7 *vol. in*-8. *m. v. Pap. Vél.*

265. Isa. Vossii observationes ad Pomponium Me- *1 - 50*
lam de situ orbis. *Hag. Com.* 1658, *in*-4. *v. f.*

266. Isa. Vossii observationum ad Pomponium *1 - 50*
Melam appendix. *Londini*, 1686, *in*-4. *vél.*

267. Solinus de Mirabilibus mundi. *Brixiœ*, 1498, *2.*
in-fol. dem. rel.

268. C. Julii Solini polyhistor, a Mart. Ant. Delrio *3.*
emendatus. *Antuerp.* 1572, *in*-8. *v. rac.*

269. C. Jul. Solini Memorabilia mundi, edente

Georg. Draudio. *Francof.* 1603, 2 *vol. in-*4.
v. porph.

270. C. Jul. Solini polyhistor, cum emend. J. Jac.
Grasseri Basii. *Lugduni*, 1609, *in-*8. *v. porp.*
271. C. Julii Solini polyhistor, a Jo. Jac. Gras-
sero. *Parisiis*, 1621, *in-*18. *mar. v.*

272. C. Julii Solini polyhistor, studio M. And.
Reyheri. *Gothæ*, 1665, *in-*12. *v. porph.*

273. Comment. in C. Julii Solini polyhistora, et
Luc. Flori de Romanorum rebus gestis libros,
auct. Joan. Camerte : Pomponii Melæ de situ
orbis lib. tres, cum comment, Vadiani. *Basileæ*, 1557, *in-fol. v. porph. dent.*

274. Cl. Salmasii Plinianæ exercitationes, in Caii
Jul. Solini polyhistora. *Parisiis*, 1629, 2 *vol.
in-fol. vél.*

275. Cl. Salmasii Plinianæ exercitationes in Caii
Jul. Solini polyhistora. *Traj. ad Rhen.* 1689,
2 *vol. in-fol. vél. Ch. Mag.*

276. Æthici Cosmographia, Antonini itinerarium,
cum schol. Josiæ Simleri. *Basileæ*, 1575,
*in-*18. *vél.*

277. Dicuili liber de Mensura orbis terræ, nunc
primum in lucem editus a Car. Ath. Walckenaer. *Parisiis*, 1807, *in-*8. *br.*

278. Itinerarium Antonini Augusti, stud. And.
Schotti. *Colon. Agripp.* 1600, *in-*12. *v. f.*

279. Antonini iter Britannicum, cum comment.
Th. Gale, accessit Anonymi Ravennatis Britan-
niæ chorographia. *Londini*, 1709, *in-*4. *vél.*

280. Vetera Romanorum Itineraria, sive Antonini
Augusti Itinerarium, cum not. var. curante
Pet. Wesselingio. *Amst.* 1735, *in-*4. *v. b.*

281. Cl. Rutilii Numatiani galli Itinerarium, cum
animadv. Theod. Sitzmani. *Lugd.* 1616, *in-*8.
v. porph.

282. Cl. Rutilii Numatiani galli Itinerarium, cum

a chaintre.

magimel.

magimel.

Le tellier.

Walckenaer.

payant..

La ditte.

a chaintre.

Walckenaer.

271. C.
272. C.

283. gui.

Walckenaer.

a chaintr.

Walckenaer

Le tellier.

287. gui. lug.

288. C.

avec les petites cartes.

Brunard

Le Cellier.

Walckenaer.

Walckenaer.

Cum notis gronovii.

Walckenaer.

animadv. Simleri, Pithœi, Barthii, etc. *Amst.*
1687, *in-12. vél.*

283. Rutilii Claudii Numatiani galli Itinerarium,
cum not. var. et ex recens. And. Goetzii. *Al-
torphii*, 1741, *in-8. fig. vél.*

284. Cl. Rutilii Numatiani Itinerarium, sive de
reditu quæ supersunt, curante Jo. Sigism. Gru-
ber. *Norimbergæ*, 1804, *in-8. v. porph. dent.*

285. Vibius Sequester de fluminibus, fontibus, etc.
quorum apud poetas mentio fit, cum not. Jer.
Jac. Oberlini. *Argentorati*, 1778, *in-8. v. rac.*

286. P. Bertii de aggeribus ac pontibus hactenus
ad mare extructis digestum novum. *Parisiis*,
1629, *in-8. v. j.*

287. Anonymi Ravennatis de Geographia lib. v,
cum not. Plac. Porcheron. *Parisiis*, 1688, *in-8.*
v. rac.

288. Zach. Lilii Vicentini de Situ orbis liber. *Nea-
poli*, *Ayolphus Cantonus*, 1496, *in-4. m. ſ.*

289. Géographie ancienne abrégée, par d'Anville.
Paris, 1769, *gr. in-fol. fig. dem. rel.*

290. Géographie ancienne abrégée, par d'Anville.
Paris, 1782, 3 *vol. in-12. fig. br.*

291. Parergon sive veteris Geographiæ aliquot
tabulæ. 1601, *in-fol. max. v. éc. dent. fig. color.*

292. Dictionnaire classique de géographie ancienne, pour l'intelligence des auteurs anciens.
Paris, 1768, *in-8. bas. rac.*

*Descriptions de diverses parties de la Terre,
Atlas, etc.*

293. Abrahami Ortelii Thesaurus geographicus.
Antuerpiæ, 1587, *in-fol. v. porph. dent.*

294. Abr. Ortelii Thesaurus geograph. *Antuerp.*
1596, *in-fol. v. porph. dent.*

295. Abrégé du Théâtre d'Ortelius, contenant la

description des principales parties du monde. *Anvers*, 1602, *in-8. obl. fig. v. porph.*

296. Epitome trium terræ partium, Asiæ, Africæ et Europæ, per Joach. Vadianum. *Tiguri*, 1534, *in-8. v. porph. dent.*

297. Epitome trium terræ partium, Asiæ, Africæ et Europæ, locorum descript. continens, per Joach. Vadianum. *Tiguri*, 1548, *in-8. v. porph. dent.*

298. Géographie physique de la Mer Noire, de l'intérieur de l'Afrique et de la Méditerranée, par M. Dureau de la Malle. *Paris*, 1807, *in-8. fig. v. j.*

299. Isolario di Benedetto Bordone nel qual si ragiona di tutte l'Isole del Mondo, con li lor nomi antichi e moderni. *In Vinegia*, 1534, *in-fol. fig. v. porph. dent.*

300. L'isole piu famose del Mondo, descritto de Tom. Porcacchi, con figure da Girol. Porro. *In Padova*, 1620, *in-fol. v. porph. dent.*

301. Cosmography, containing the Chorography and History of the whole world, by Pet. Heylyn. *London*, 1682, *in-fol. fig. v. b.*

302. Analyse géogr. de l'Italie, par d'Anville. *Paris*, 1744, *in-4. fig. v. porph. dent.*

303. Essai géographique sur les Isles Britanniques, par Bellin. *Paris*, 1759, 2 *vol. in-12. br.*

304. L'antiquité géographique de l'Inde, par d'Anville. *Paris*, impr. roy. 1775, *in-4. fig. v. éc. dent.*

305. Mémoire de d'Anville sur la Chine. *Paris*, 1776, *in-8. br.*

306. L'Euphrate et le Tigre, par d'Anville. *Paris*, impr. roy. 1779, *in-4. fig. v. porph. dent.*

307. Mémoire sur la Mer Caspienne, par d'Anville. *Paris*, impr. roy. 1777, *in-4. fig. br.*

308. Mémoires hist. et géogr. sur les pays situés

fayolle.

magimel.

Le tellier.

magimel.

fayolle.

Walckenaer.

francart.

francart.

Le tellier.

francart.

Walckenaer.

La hitte.

313. pil. x^t deman.

imparfait De la carte

Le tellier.

Walckenaer pathier j^e.

a chaintu.

Simonnet.

Demannes.

pathier j^e.

Walckenaer.

le meme.

le meme.

pathier j^e.

Walckenaer.

le meme.

entre la Mer Noire et la Mer Caspienne. *Paris*,
1797, *in-4. fig. v. j.*

309. Lettre de M. d'Anville au père Castel, au
sujet des pays du Kamtchatka et de Jeço, et
réponses du père Castel. (*Paris*) 1737, *in-12. br.*   *1 - - 50.*

310. Joan. Leonis Africani de totius Africæ des-
criptione, lib. ix. *Antuerp.* 1556, *in-8. v. rac.*   *2.*

311. Joan. Leonis Africani, Africæ descriptio.
Lugd. Bat. Elzevir. 1632, 2 *vol. in-18. v. porph.*   *3.*

312. Herm. Schlichthorst Geographia Africæ Hero-
dotea. *Gottingæ*, 1788, *in-8. dem. rel.*   *1 - - 50.*

313. Geographia nubiensis, id est totius orbis in
septem climata divisi descriptio, ex arab. in lat.
versa a Gab. Sionita. *Parisiis*, 1619, *in-4. vél.*   *12 - - 95.*

314. Saggio di scoperte Geografiche de moderni
viaggiatori nello interno dell' Africa, compa-
rate colle scoperti degli antichi, a illustraz. al
Viaggio di sir Jam. Bruce. *Torino, in-8. v. porph.*   *4 - - 5.*

315. Novus Orbis regionum ac insularum, una
cum tabula cosmographica, studio Sim. Grinæi. *Parisiis*, 1532, *in-fol. fig. v. j.*

316. Sim. Grinæi Novus Orbis. *Basileæ*, 1555,
in-fol. fig. v. j.   *6 - - 80.*

317. De Orbe novo Pet. Mart. Anglerii decades
octo, cum not. Ric. Hakluyti. *Parisiis*, 1587,
in-8. v. m.   *2.*

318. Description des Indes occidentales, par Herrera, trad. de l'espagnol. *Amst.* 1622, *in-fol.*
fig. parch.   *3.*

319. Novus Orbis, seu Descriptio Indiæ occiden-
talis, auct. Jo. de Laet. *Lugd. Bat. apud Elzev.*
1633, *in-fol. fig. v. b.*   *2.*

320. L'Histoire du Nouveau-Monde, ou Description des Indes occidentales, par de Laet. *Leyde*,
1640, *in-fol. fig. v. f.*   *3.*

321. Descriptionis Ptolemaicæ augmentum, sive
occidentis notitia, cum comment. Corn. Wyt-   *5 - - 5.*

fliet. *Lovanii*, 1598, *in-fol. fig. v. porph. dent.*

7--5. 322. Descript. Ptolemaicæ augmentum , cum comment. Corn. Wytfliet. *Duaci*, 1603 , *in-fol. fig. v. porph. dent.*

3--- 323. Recherches historiques et géographiques sur le Nouveau-Monde , par Scherer. *Paris*, 1777, *in-8. v. j.*

324. Recueil de Mémoires manuscrits sur l'Amérique septentrionale, faits vers 1750. *In-fol. v. m.*

1--50 325. Description historique, géographique et physique de la colonie de Surinam , par Ph. Fermin. *Amst.* 1769, 2 *vol. in-8. fig. br.*

8--5. 326. Il Mappamondo di fra Mauro , descritto ed illustrato da D. Plac. Zurla. *Venezia*, 1806 , *in-fol. fig. v. rac. dent.*

2--- 327. Le grand Routier et pilotage de la Mer , par Pierre Gracie , dit Ferrande. *Rouen*, 1525, *in-4. fig. goth. bas.*

328. Le petit Flambeau de la Mer, par Bougard. *Au Hâvre*, 1716, *in-4. fig. v. m.*

3-- 329. Nautica Mediterranea di Bartol. Crescentio. *In Roma*, 1602, *in-4. fig. vél.*

330. Routier des côtes des Indes orientales et de la Chine , par D'Après de Mannevillette. *Paris*, 1745, *in-4. v. m.*

VOYAGES.

Collections de *Voyages et Relations.*

2--95 331. Mémoires sur la collection des grands et petits Voyages , et sur la collection des Voyages de Melchis. Thévenot, par A. G. Camus. *Paris*, 1802, *in-4. cart.*

5--10 332. Voyages faits principalement en Asie dans les XIIe, XIIIe siècles, etc. publiés par Bergeron. *La Haye*, 1735, *in-4. fig. v. m.*

5--5. 333. Relations de divers Voyages , donnés au

Walckenaer.

payant.

Le tellier.

fayolle.

a chaintu .

Walckenaer.

Walckenaer.

achaintu

a chaintu .

334. deb.

336. ins. +

338. ins.

Sainson.

achaintre.

Sainson.

Le Tellier.

Lambert.

De Sourdon

Simonnet.

Walckenaer.

public par Melchisedech Thévenot. *Paris*, 1666,
4 *part. in-fol. fig. v. b.*

334. Recueil de Voyages de Thévenot. *Paris*,
1687, *in-8. fig. v. b.*

335. A Collection of Voyages and travels. *London,
Churchill*, 1704, 4 *vol. in-fol. fig. v. j.*

336. A complete Collection of Voyages and travels published by John Harris. *London*, 1744,
2 *vol. in-fol. fig. v. éc.*

337. Recueil de divers Voyages faits en Afrique
et en Amérique, (par Richard Ligon et autres).
Paris, 1674, *in-4. fig. v. b.*

338. Itinera Mundi, sic dicta nempe cosmographia, auct. Abrah. Peritsol, hebr. et lat. ex versione Th. Hyde. *Oxonii*, 1691, *in-4. vél.*

339. Dissertazione intorno ad alcuni Viaggiatori
eruditi Veneziani poco noti, publicata da don
Jac. Morelli. *In Venez.* 1803, *gr. in-4. dem. rel.*

Voyages autour du Monde, etc.

340. Primo Viaggio intorno al globo terracqueo,
ossia ragguaglio della navigazione alle Indie
orientali per la via d'occidente, fatta dal caval.
Ant. Pigafetta. *In Milano*, 1800, *gr. in-4. fig.
v. rac. dent.*

341. Journal ou description du merveilleux Voyage
de Guill. Schoutten, à l'entour du globe, en
1615, etc. *Amst.* 1619, *in-4. fig.* non relié.

342. Voyage autour du monde, depuis 1708 jusqu'en 1711, par le capit. Woodes Rogers, trad.
de l'angl. *Amst.* 1716, 2 *vol. in-12. fig. v. j.*

343. Voyage autour du monde, par Anson, trad.
de l'angl. *Amst.* 1749, *in-4. fig. v. m.*

344. Voyage à la mer du Sud, pour servir de supplément au Voyage de George Anson, trad. de
l'angl. *Lyon*, 1756, *in-4. v. m.*

345. Voyage autour du monde, fait en 1764 et

1765, par Byron, trad. de l'angl. *Paris*, 1767, *in*-12. *v. m.*

4 — — 346. Voyage autour du monde en 1766, 1767, etc. par M. de Bougainville. *Paris*, 1771, *in*-4. *fig. v. éc.*

18 — 347. A Voyage round the world, but more particularly to the north west coast of America, performed in 1785-1788, by Dixon. *London*, 1789, *gr. in*-4. *br. Pap. de Holl. fig. color.*

4 — 95 348. Voyage autour du monde et principalement à la côte nord-ouest de l'Amérique, en 1785, etc. par G. Dixon, trad. de l'angl. *Paris*, 1789, *in*-4. *fig. v. éc.*

37 — — 349. Voyage de La Pérouse autour du monde, publié par M. Milet Mureau. *Paris*, 1797, 4 *vol. in*-4. *et atlas in-fol. cart.*

5 — — 350. Relation du voyage à la recherche de La Pérouse, par M. La Billardière. *Paris*, *l'an VIII*,
20 — — 2 *vol. in*-4. *et atlas in-fol. cart.*

Voyages en différentes parties du Monde, etc.

5 — — 351. Trattato delle piu maravegliose cose che si trovino in le parte del Mondo, da Joh. de Mandavilla. *Bononiæ*, 1488, *in*-4. *goth. m. v.*

3 — 20 352. Itinerarium Benjaminis, hebraicè et latinè, cum not. Constant. l'Empereur. *Lugd. Bat. ex officina Elzevir.* 1633, *in*-12. *v. j.*

14 — — 353. Voyage de La Motraye, en Europe, Asie et Afrique. *La Haye*, 1727, 3 *vol. in-fol. fig. v. b.*

5 — 95 354. Voyage en Europe, Asie et Afrique, par Makintosh, traduit de l'anglois. *Paris*, 1788, 2 *vol. in*-8. *br.*

355. Viaggi fatti da Vinetia, alla Tana, in Persia, in India, etc. *In Vinegia*, *Aldo*, 1543, *in*-12. *v. rac. dent.*

10 — 95 356. Viaggi fatti da Vinetia, alla Tana, in Persia, in India, et in Constantinopoli. *In Vinegia*, *Aldo*, 1545, *in*-8. *mar. v.*

de Sourdon

de Sourdon

Walckenaer.

payant.

Deschamps.
Walckenaer.

Deschamps

Saucet.

la hite.

Francart.

le même.

Lambert.
pichard.

pichard.

Simonnet.

Marié ainé.

le même

Le Doux

366. pil. 6+y.

Walckenaer.
Lambert.

357. Voyage fait par terre, depuis Paris jusqu'à la Chine, par de Feynes. *Paris*, 1630, *in-8. v. b.*   *3. -5.*

358. Les Voyages et Observations du sieur de la Boullaye-le-Gouz, en Italie, Grèce, Syrie, etc. *Paris*, 1653, *in-4. fig. v. b.*   *2. -10.*

359. Les mêmes Voyages de la Boullaye-le-Gouz. *Paris*, 1657, *in-4. fig. v. b.*

360. Le Navigationi et Viaggi nella Turchia, di Nicolo de Nicolai. *In Anversa*, 1577, *in-4. fig. parch.*

361. Voyage en divers Etats d'Europe et d'Asie, par le P. Avril. *Paris*, 1692, *in-4. fig. v. b.*   *3.*

362. Mémoires du chevalier d'Arvieux, contenant ses Voyages à Constantinople, dans l'Asie, etc. publiés par le P. Labat. *Paris*, 1735, 6 *vol. in-12. v. m.*   *5.*

363. Voyages de Pallas en Russie, et dans l'Asie septentrionale, trad. de l'allemand, par Gauthier de La Peyronie. *Paris, l'an II*, 8 *vol. in-8. et atlas in-4. v. éc.*   *20.*

364. Voyage fait par ordre du Roi, en 1771 et 1772, en diverses parties de l'Europe, de l'Afrique et de l'Amérique, par MM. de Verdun, de Borda et Pingré. *Paris, de l'imprimerie royale*, 1778, 2 *vol. in-4. fig. v. éc.*   *6. -5.*

365. Voyages de Jean Ovington, faits à Surate et en d'autres lieux de l'Asie et de l'Afrique, trad. de l'angl. *Paris*, 1725, 2 *vol. in-12. v. j.*   *4.*

366. Ludovici Patritii Romani itinerarium Æthiopiæ, Ægypti, ac Indiæ, etc. *Edition sans date, sans nom de ville, ni d'imprimeur, avec des signatures et des chiffres, in-fol.* non relié.   *11. -- 9.*
Ouvrage curieux et rare.

367. Voyage de Shaw en Barbarie et au Levant, trad. de l'anglois. *La Haye*, 1743, 2 *vol. in-4.* dem. rel. fig.   *9. -95.*

368. Voyage à la mer Rouge, sur les côtes de   *3. -95.*

l'Arabie, en Égypte, etc. par Yrwin, trad. de l'anglois. *Paris*, 1790, 2 *vol. in-*8. *fig. v. j.*

369. Itinerarium Portugallensium e Lusitania in Indiam, nec non in occidentem ac septentrionem, ex vernaculo sermone in latinum trad. per Arch. Madrignanum. (*Mediolani*,) 1508, *in-fol. vél.*

370. Voyages de Fr. Pyrard de Laval aux Indes orientales, aux Moluques et au Brésil. *Paris*, 1679, *in-*4. *v. b.*

371. Relation de l'isle de Madagascar et du Brésil. *Paris*, 1651, *in-*4. *v. m.*

372. Voyages et Découvertes des Russes le long des côtes de la mer Glaciale, trad. de l'allem. de Muller, par Dumas. *Paris*, 1768, 2 *vol. in-*12. *fig. v. f.*

373. Extraits des Voyages faits dans les parties septentrionales de l'Asie et de l'Amérique, par Engel. *Lausanne*, 1779, *in-*4. *fig. bas.*

374. Relation du Voyage de la mer du Sud aux côtes du Chily et du Pérou, en 1712, etc. par Frezier. *Paris*, 1732, *in-*4. *fig. v. rac. dent.*

375. A Journal of a Voyage to the south seas, by Sidney Parkinson. *London*, 1773, *gr. in-*4. *fig. dem. rel.*

Voyages en Europe.

376. Hispaniæ et Lusitaniæ Itinerarium. *Amst.* 1656, *in-*12. *fig. vél.*

377. Voyage d'Espagne à Bender. *Paris*, 1721, *in-*12. *fig.* = Relation d'un Voyage du pôle Arctique au pôle Antarctique. *Paris*, 1723, *in-*12. *fig. v. b.*

378. Letters from Portugal, Spain, Italy and Germany, in the years 1759, 1760, and 1761, by Christ. Hervey. *London*, 1785, 3 *vol. in-*8. *v. éc.*

379. A Journey from London to Genoa through

369. ins.

letellier.

pathier j..
Le Bours.

Marie ainé

374. Rb.

Sainson.

chardin

pichard.

Sainson

th. Barrois.

383. deb.

384. Men.

walckenaer.

chardins

waré ainé.

waré ainé.

imparfait du 1er feuillet.

payant.

388. Men.

tres rogné et très gras.

pichard.

England, Portugal, Spain and France, by Ba-
retti. *London, *1770, 4 *vol. in-8. br.*

380. Kyriaci Anconitani itinerarium, (Italiæ et
Græciæ) ex recens. Laur. Mehus. *Florentiæ,*
1742, *in-12. v. j.*

381. And. Schotti itinerarium Italiæ. *Amst.* 1655,
pet. *in-12. fig. vél.*

382. Voyage en Portugal, en 1789 et 1790, trad.
de l'angl. de Murphy. *Paris,* 1797, *in-4. fig. v. j.*

383. Voyage en Portugal, et particulièrement à
Lisbonne. *Paris,* 1798, *in-8. bas.*

384. Rapport à l'Institut d'un Voyage fait en l'an x,
dans les départemens du Bas-Rhin, par Camus.
Paris, l'an XI, *in-4. br.*

385. Relation hist. et théolog. d'un Voyage en
Hollande, par Guillot de Marcilly. *Paris,* 1719,
in-12. v. b.

386. Relation d'un Voyage dans la mer du Nord,
par de Kerguelen Tremarec. *Paris,* 1771, *in-4.*
fig. br.

Voyages en Asie.

387. Des saintes Pérégrinations de Jhérusalem et
des lieux prochains, du mont Sinay, etc. trad.
du lat. de B. de Breydenbach, par Frère Nicole
le Huen. *Lyon,* 1488, *in-fol. fig. goth. v. m.*
Premier livre françois où l'on trouve des figures gravées
sur cuivre.

388. Discours du Voyage d'outre-mer au Saint-
Sépulchre de Jérusalem, et autres lieux de la
Terre-Sainte, par Gab. Giraudet. *Paris,* 1585,
in-8. fig. parch.

389. Discours du Voyage d'outre-mer au Saint-
Sépulchre de Jérusalem, etc. par Gab. Giraudet.
Paris, fig. = Les Singularités de la France an-
tarctique, autrement nommée Amérique, par
And. Thévet. *Anvers,* 1558, *in-8. fig. bas.*

390. Il Devotissimo Viaggio di Gierusalemme, dal sig. Giov. Zuallardo. *In Roma*, 1595, *in-8. fig. parch.*

391. Sebast. Barradas itinerarium filiorum Israel ex Ægypto in terram repromissionis. *Lugduni*, 1620, *in-fol. cart.*

392. Le Voyage de la Terre-Sainte, par Doubdan. *Paris*, 1661, *in-4. fig. v. b.*

393. Voyage de l'Arabie Heureuse, dans les années 1708, 1709 et 1710, par La Roque. *Paris*, 1716, *in-12. fig. v. rac.*

394. Relation du Voyage de l'évêque de Beryte, par la Turquie, la Perse, les Indes, par de Bourges. *Paris*, 1666, *in-8. v. r.*

395. Relation du Voyage de Perse et des Indes orientales, trad. de l'angl. de Th. Herbert. *Paris*, 1663, *in-4. v. b.*

396. Les Voyages d'Olearius et Mandelslo, en Perse, aux Indes orientales, etc. publ. par de Wicquefort. *Amst.* 1727, 2 *vol. in-fol. fig. v. m.*

397. Voyages dans l'Inde, en Perse, etc. trad. de l'anglois. *Paris*, 1801, *in-8. bas.*

398. Histoire de la Navigation de Jean Hugues de Linschot, aux Indes orientales. *Amsterd.* 1610, *in-fol. fig. v. j.*

399. Histoire de la Navigation de J. Hugues de Linschot, aux Indes orientales. *Amst.* 1619, *in-fol. fig. v. j.*

400. Histoire de la Navigation de Jean Hugues de Linschot, aux Indes orientales. *Amst.* 1638, *in-fol. fig. v. j.*

401. Voyages de Nicolas de Graaf aux Indes orientales. *Amst.* 1719, *in-12. fig. v. b.*

402. Nouveau Voyage aux Grandes-Indes, par Luillier. *Rotterdam*, 1726, *in-12. v. f.*

403. Voyage aux Indes orientales, par Grose, trad. de l'angl. par Hernandez. *Paris*, 1758, *in-12. v. m.*

pichard.

pichard.

Walckenaer

Duchampı.

a chaintre.

le même.

pathier j.

Walckenaer.

pichard.

Le tellier.

payart.

392. Men.
393. Ro. nom p^t

les Edit. de 1610 et 1619 sont la même, à laquelle
on a changé le titre.

406. Men.
407. Ro.   nous br. a^t des fig. déchirées.

pichard.

Warée ainé.

Walckenaer.

Le Bours

Walckenaer.

pichard.
th. Barrois.
pichard.

Le Bours.

Walckenaer.

on y a joint un double du n° 417, en une br.   pichard

payant.

payant.

404. Viaggio alle Indie orientali, da fra Paolino da S. Bartolomeo. *Roma*, 1796, *in-4. fig. v. rac. dent.*

405. Voyage dans les mers de l'Inde, par Le Gentil. *Paris*, *impr. roy.* 1779, 2 *vol. in-4. v. j.*

406. Voyages de Franç. Bernier au Mogol. *Amst.* 1710, 2 *vol. in-12. fig. v. rac.*

407. Relation de l'Ambassade de M. de Chaumont à la cour de Siam. *Paris*, 1687, *in-12. fig. v. b.*

408. Journal du Voyage de Siam, fait en 1685 et 1686, par l'abbé de Choisy. *Paris*, 1687, *in-4. v. rac.*

409. Journal du Voyage de Siam, fait en 1685 et 1686, par l'abbé de Choisy. *Paris*, 1687, *in-12. v. b.*

410. Second Voyage du père Tachard au royaume de Siam. *Paris*, 1689, *in-4. fig. v. rac. dent.*

411. Relatione della grande Monarchia della Cina, del P. Alvaro Semedo. *Roma*, 1643, *in-4. v. b.*

412. Divers Voyages du P. Alex. de Rhodes en Chine et autres royaumes de l'Orient. *Paris*, 1653, *in-4. fig. parch.*

413. Divers Voyages de la Chine et autres royaumes de l'Orient. *Paris*, 1681, *in-4. v. b.*

414. Relation abrégée des Missions et des Voyages des évêques françois envoyés aux royaumes de la Chine, Cochinchine, Tonquin et Siam, par Fr. Pallu. *Paris*, 1668, *in-12. bas. rac.*

415. Relation des Missions des évêques françois aux royaumes de Siam, de la Cochinchine, etc. *Paris*, 1674, *in-8. bas. rac. dent.*

416. Relation des Missions et des Voyages des évêques vicaires apostoliques, ès années 1672 à 1675. *Paris*, 1680, *in-8. v. b.*

417. Nouvelle Relation de la Chine, par le P. Gab. de Magaillans. *Paris*, 1688, *in-4. fig. v. rac. dent.*

418. Relation de l'Ambassade de lord Macartney

à la Chine, trad. de l'anglois. *Paris, l'an iv*,
2 *vol. in-8. br.*

419. Voyage de l'Ambassade de la Comp. des Indes
orientales hollandoises vers l'empereur de la
Chine, en 1794 et 1795, tiré du Journal de
Van-Braam, publié par Moreau de Saint-Méry.
Paris, 1798, 2 *tom. en* 1 *vol. in-8. bas.*

420. Voyage en Chine et en Tartarie, par Holmes,
trad. de l'angl. avec les observ. de M. Langlès.
Paris, 1805, 2 *vol. in-8. fig. br.*

421. Voyage de Thunberg au Japon, par le cap
de Bonne-Espérance, traduit par M. Langlès.
Paris, 1796, 2 *vol. in-4. fig. v. rac. dent.*

422. An historical Relation of the island Ceylan,
by Rob. Knox. *London,* 1681, *in-fol. fig. v. j.*

423. Relation ou Voyage de l'isle de Ceylan, par
Rob. Knox, trad. de l'angl. *Amst.* 1693, 2 *vol.
in-12. fig. v. b.*

424. Voyage de l'isle de Ceylan, dans les Indes
orientales, trad. de l'anglois de Knox. *Amst.*
1693, *in-12. fig. v. b.* = Histoire de l'isle de
Ceylan, trad. du portugais, de Jean Ribeyro.
Trevoux, 1701, *in-12. fig. v. b.*

425. Voyage à l'île de Ceylan, dans les années
1797 à 1800, par Rob. Percival, trad. de l'angl.
Paris, 1803, 2 *vol. in-8. fig. v. j.*

426. Voyage à la nouvelle Guinée, par Sonnerat.
Paris, 1776, *in-4. fig. v. f.*

427. Découvertes des François en 1768 et 1769,
dans le sud-est de la Nouvelle Guinée, par Fleu-
rieu. *Paris, impr. roy.* 1790, *in-4. fig. br.*

Voyages en Afrique.

428. Voyages de Le Vaillant dans l'intérieur de
l'Afrique. *Paris,* 3 *vol. in-4. fig. br.*

429. Abrégé du Voyage de Mungo Park en Afrique. *Paris,* 1800, *in-12. v. j.*

Walckenaer

Le tellier.

421. lns.

Sainson

Demanne

Deschamps. racheté payé a m Deschamps le meme prix 425. R0.

Warée ainé.

tus Salu

Le tellier.

Deschamps

pichard.

431. Ro.

                              Sainson.

                              Walcknaer.

434. Ro.   nous v.6. m^+ pichard.

                              pathier j^e.

                              Walckenaer.

                              pichard.

                              payant.

                              Walckenaer.

                              pathier j^e.

                        tout piqué -

441. Ro.

                              pichard.

                              Brunald.

430. Voyage de L. Fontaine en Afrique, en allemand. *Leipsig*, 1792, *in*-12. *v. j.*

431. Nouvelle Relation de l'Afrique occidentale, par le P. Labat. *Paris*, 1728, 5 *vol. in*-12. *fig. v. b.*

432. The Journal of Fred. Horneman's travels, from Cairo, to Mourzouk in Africa, in the years 1797 et 98. *London*, 1802, *in*-4. *fig. v. j. Pap. Vél.*

433. Voyage en Barbarie, pendant les années 1785 et 1786, par l'abbé Poiret. *Paris*, 1789, 2 *vol. in*-8. *v. j.*

434. Voyage pour la rédemption des Captifs, aux royaumes d'Alger et de Tunis, fait en 1720, par les PP. Comelin, de La Motte, etc. *Paris*, 1721, *in*-12. *fig. v. b.*

435. Voyage de Guinée, par G. Bosman. *Utrecht*, 1705, *in*-12. *fig. v. m.*

436. Relation du Voyage du royaume d'Issiny, Côte-d'Or, pays de Guinée en Afrique, par le P. Loyer. *Paris*, 1714, *in*-12. *fig. bas. rac. dent.*

437. Voyage de Des Marchais en Guinée, isles voisines, etc. en 1725, 1726 et 1727, publ. par le P. Labat. *Paris*, 1730, 4 *vol. in*-12. *fig. v. j.*

438. Nouveau Voyage de Guinée, trad. de l'angl. de Smith. *Paris*, 1751, 2 *tom. en* 1 *vol. in*-12. *bas. rac. fil.*

439. Voyages en Guinée, etc. par Isert, trad. de l'allem. *Paris*, 1793, *in*-8. *fig. dem. rel.*

440. Relatione del reame di Congo e delle circonvicine contrade, per Filip. Pigafetta. *In Roma*, 1591, *in*-4. *fig. vél.*

441. Relation historique de l'Ethiopie occidentale, par le P. Labat. *Paris*, 1732, 5 *vol. in*-12. *v. f. fig.*

442. Voyage historique d'Abissinie, par Jer. Lobo,

trad. du portugais par Le Grand. *Paris*, 1728, *in-4. fig. v. m.*

443. Voyages dans le pays des Hottentots, à la baye Botanique, etc. trad. de l'anglois. *Paris*, 1790, *in-8. v. j.*

444. Voyage à l'isle de France, à l'isle de Bourbon, et au cap de Bonne-Espérance, par M. Bernardin de Saint-Pierre. *Paris*, 1773, 2 *vol. in-8. fig. v. j.*

445. A Journal of a Journey from the Cape of Good Hope, in 1790, and 1791, by Van Reenen, in search of 'he east India Company's ship the Grosvenor. *London*, 1792, *in-4. fig. dem. rel.*

446. Voyage au Sénégal, en 1784 et 1785, par La Barthe. *Paris*, 1802, *in-8. br.*

Voyages en Amérique.

447. Des Sauvages, ou Voyage de Sam. Champlain, fait en la France Nouvelle. *Paris*, 1604, *in-8. br.*

448. Voyage à la Martinique, par Chanvallon. *Paris*, 1763, *in-4. cart.*

449. Relation des Voyages de Th. Gage dans la Nouvelle Espagne. *Amst.* 1695, 2 *vol. in-12. fig. v. b.*

450. Voyage, ou Découverte d'un très-grand pays dans l'Amérique, entre le Nouveau Mexique et la mer Glaciale, par L. Hennepin. *Amst.* 1704, *in-12. fig. v. b.*

451. Voyages and Discoveries in South America, by Christ. d'Acugna, and others. *London*, 1698, *in-8. v. b.*

452. Voyage dans l'Amérique méridionale, par La Condamine. *Paris*, 1745, *in-8. fig. v. m.*

453. Relation historique de la grande rivière des Amazones, par De Pagan. *Paris*, 1656, *in-8. v. j.*

Brunaud.

444. Ro.

Sainson.

pathier je

Le Bours.
Simonnet.
pichard.

451. C.

Simonnet.

pichard.

Deschamps.

achaintre.

treuttel.
achaintre.

les figures gâtées.

~~4to Sag~~.

Brunard.

Latitte.

454. Histoire d'un Voyage fait en la terre du
Brésil, par Jean De Lery. *Genève*, 1611, *in-8.
fig. v. j.*   *3 ─ 10.*

455. Voyage au Brésil, par Th. Lindley, trad. de
l'anglois. *Paris*, 1806, *in-8. v. j.*   *2 .*

456. Voyage et Aventures de François Leguat, en
deux isles désertes des Indes orientales. *Londres,*
1720, 2 *vol. in-12. fig. v. b.*

Chronologie et Histoire universelle.

5 .

457. Thesaurus temporum Eusebii Pamphilii, gr.
et lat. studio et cum animadversionibus Jos.
Scaligeri. *Amst.* 1658. = Isagogicorum Chro-
nologiæ canonum libri tres , auct. Jos. Scaligero.
Amst. 1658 , 2 *tom. en* 1 *vol in-fol. vél.*

458. Liber Chronicarum. *Norimbergæ, Koburger,*   *10.*
1495 , *in-fol. max. fig. rel. en bois.*

459. Dion. Petavii opus de doctrina temporum ,
cum præf. Jo. Harduini. *Antuerpiæ* , 1705 , 3   *4 ─ 95.*
vol. in-fol. cart.

460. Edw. Simsonii Chronicon catholicon , ex   *3 ─ ─ ─ 𝒟.*
recens. P. Wesselingii. *Lugd. Batav.* 1729 ,
in-fol. v. b.

461. Epochæ celebriores Chataiorum , Syro-Græ-
corum , Arabum , Persarum , etc. usitatæ, ex   *9 ─ 5. 𝒟.*
tradit. Ulug Beighi, arab. et lat. ex recens. et cum
not. Jo. Gravii. *Londini* , 1650, *in-4.* = Choras-
miæ et Mawaralnahræ , hoc est, regionum extra
fluvium Oxum descriptio, arab. et lat. ex tabulis
Abulfedæ Ismaelis , studio Jo. Gravii. *Londini,*
1650, *in-4. v. rac. dent.*

462. Justini Historiæ Philippicæ , cum not. var.   *2*
et ex recens. Jo. Georg. Grævii. *Lugd. Batav.*
1701 , *in-8. v. b.*

463. Justini Historiæ, cum not. Cantel in usum   *2 .*
Delphini. *Londini,* 1701 , *in-8. v. b.*

9 — 25 464. Justini Historiæ, cum not. var. curante Abrah.
    Gronovio. *Lugd. Bat.* 1719, *in-8. vél.*

11 — — 465. Justini Historiæ, cum not. var. curante
    Abrah. Gronovio. *Lugd. Bat.* 1760, *in-8. vél:*

5 — — 466. Pauli Orosii adversus Paganos historiarum
    lib. septem, ex recens. Sigib. Havercampi. *Lugd.*
    Bat. 1738, *in-4. fig. vél.*

9 — — 467. Mémoires pour servir à l'Histoire du xviii^e
    siècle, par Lamberty. *Amsterd.* 1735, 14 *vol.*
    in-4. bas.

1 — 60 468. Essai sur l'Histoire de l'espèce humaine, par
    M. Walckenaer. *Paris*, 1798, *in-8. v. rac.*

Histoire ecclésiastique, etc.

D. 6 — — 469. Histoire du Christianisme des Indes, par La
    Croze. *La Haye*, 1758, 2 *vol. in-12. br.* =
    Histoire du Christianisme d'Ethiopie et d'Armé-
    nie, par le même. *La Haye*, 1759, *in-12. bas.*

D. 16 — — — 470. Compendio storico di Memorie concernenti
    la religione e la morale della nazione Armena, dal
    March. Giov. de Serpos. *In Venezia*, 1786,
    3 *vol. in-8. vél.*

471. Histoire de la guerre des Hussites, et du Con-
    cile de Basle, par J. Lenfant. *Utrecht*, 1731,
    2 *vol. in-4. v. m.*

D. 14 — — 472. Historia de las fundaciones de los monaste-
    rios de San Benito, por Prud. de Sandoval. *En*
    Madrid, 1601. = Discursos de la certidumbre
    de las Reliquias discubiertas en Granada, por
    Greg. Lopez Madera. *En Granada*, 1601. =
    Historia del rebellion y castigo de los Moriscos
    del reyno di Granada, por Luis del Marmol
    Carvajal. *En Malaga*, 1600, *in-fol. v. f.*

1 — 50 473. Mémoires historiques sur les Templiers, par
    Grouvelle. *Paris*, 1805, *in-8. br.*

1 — 55 474. La vie du P. Jean de Britto, mis à mort aux

Le tellier.

payant.

brunet.

achaintre.

payant.

469. ins.

470. ins. Ro. mo

472. Ro. aet

Ecllant.

payant.

481. Walck. pre+

Brunet.

Rochelle.

Sainson

Sainson.
l'ainé père

La Ditte.

Sainson

Treuttel.

Le Roy.

Treuttel.

achaintre

Renouard.

Indes, dans le Maduré, en haine de la foi, composée par le P. de Beauvais. *Paris,* 1746, *in-12, bas. r. dent.*

Histoire des Juifs , et Histoire grecque.

475. Fl. Josephi Opera omnia, gr. et lat. cum vers. Joan. Hudsoni, et ex recens. Sigib. Havercampi, *Amst.* 1726, 2 *vol. in-fol. dem. rel.* non rogné.

476. Pausaniæ Græciæ Descriptio, gr. et lat. cum annot. Joach. Kuhnii. *Lipsiæ,* 1696, *in-fol. vél.*

477. Pausaniæ Græciæ Descriptio, gr. ex recens. Jo. Frid. Facii. *Lipsiæ,* 1794, 4 *vol. in-8. v. éc. dent.* gr. et Lat.

478. Pausanias, ou Voyage historique de la Grèce, trad. du grec en françois par Gedoyn. *Paris,* 1731, 2 *vol. in-4. fig. v. m.*

479. Pausanias, ou Voyage histor. de la Grèce, traduit en françois, par Gedoyn. *Amsterd.* 1733, 4 *vol. in-12. fig. bas.*

480. Descrizzione della Grecia di Pausania, tradotta dal greco, da Alfonso Bonaccivoli. *In Mantoua,* 1593, *in-4. m. v.*

481. Voyage du jeune Anacharsis en Grèce, par l'abbé Barthelemy. *Paris, l'an VII,* 7 *vol. in-8. v. porph. et atlas in-4. cart.*

482. Thucydidis de bello Peloponnesiaco lib. VIII, gr. et lat. curante Car. Lud. Bavero. *Lipsiæ,* 1790, 2 *vol. in-4. dem. rel.*

483. Xenophontis Opera, gr. cum comment. Benjam. Weiske. *Lipsiæ,* 1798, 6 *tom.* en 4 *vol. in-8. dem. rel.*

484. Diodori Siculi Bibliothecæ Histor. libri qui supersunt, gr. et lat. ex recens. Pet. Wesselingii. *Amstel.* 1746, 2 *vol. in-fol. vél.*

485. Q. Curtius Rufus de rebus gestis Alexandri Magni, cum not. var. cur. Henr. Snakenburg.

Delphis, 1724, *in-4. fig. dem. rel. dos de mar.* non rogné.

10--95   486. Arrianus de Expeditione Alexandri Magni, gr. et lat. cum not. var. et ex recens. Nic. Blancardi. *Amst.* 1668, *in-8. vél.*

Histoire romaine, etc.

33 . - -   487. Histoire de la République romaine, par Salluste, publiée par le président De Brosses. *Dijon*, 1777, 3 *vol in-4. fig. v. porph. dent.*

24 - --   488. C. Jul. Cæsaris Commentarii, cum not. var. curante Fr. Oudendorpio. *Lugd. Bat.* 1737, 2 *vol. in-4. fig. v. m.*

15 - --   489. C. Velleii Paterculi quæ supersunt ex Hist. romanæ volum. duobus, cum not. var. curante Dav. Ruhnkenio. *Lugduni Batav.* 1779, 2 *vol. in-8. v. j.*

66 - --   490. C. Corn. Taciti Opera, emendavit et notis illust. Gab. Brotier. *Parisiis*, 1771, 4 *vol. in-4. v. m.*

33 --5   491. Œuvres de Tacite, en latin et en françois, trad. par La Bleterie et Dotteville. *Paris*, 1799, 7 *vol. in 8. v. rac. dent. Gr. Pap.*

8 - -5   492. C. Suetonius Tranquillus, cum not. var. edente Jo. Schildio. *Lugd. Batav.* 1662, *in-8. fig. vél.*

2 --60   493. C. Suetonius Tranquillus, cum animadver. Jo. Aug. Ernesti. *Lipsiæ*, 1748, *in-8. vél.*

13 - -   494. C. Suetonius Tranquillus, cum not. var. et ex recens. Car. And. Dukeri. *Lugd. Bat.* 1751, *in-8. vél.*

495. Jac. Perizonii Annotationes in Suetonium. *Wratislaviæ*, 1725, *in-8. vél.*

19 --   496. L. An. Flori rerum romanarum Epitome, cum not. var. et ex recens. Car. And. Dukeri. *Lugd. Bat.* 1744, 2 *vol. in-8. dem. rel. dos de mar.* non rogné.

erchamps.

a bitte.

ayant.

renand.

c clerc.

renand.

ayant.

ayant.

cnouard.

496. Seg. 18

497 . Men . cheap .   Nozeran

498 . feuil .

499 . Men . cheap . Ins .

                                       payant .

                                       La Bitte .

                                       pichard .

                                       Brunard .

                                       Desforges .

                                       payant .

                                       Brunard .

                                       Brunard .

                                       n^lle charpentier

497. Appiani Alexandrini romanarum Historia-   *36.*
rum quæ supersunt, gr. et lat. cum notis var. et
ex recens. Joh. Schweighæuser. *Lipsiæ*, 1785,
3 *vol. in-8. dem. rel. dos de mar.*

498. Herodiani historiæ, gr. et lat. cum not,   *2 -- 50 D*
Boecleri, et indice Balth. Schedii. *Argentorati*,
1662, *in-12. vél.*

499. Herodiani) historiarum lib. octo, gr. et lat,   *51.*
cum not. var. curante Th. Guil. Irmisch. *Lipsiæ*,
1789, 5 *vol. in-8. dem. rel. dos de m.*

500. Sex. Aurelii Victoris Historia romana, cum   *9*
not. var. curante Joan. Arntzenio. *Amst.* 1733,
in-4. vél.

501. Ammiani Marcellini Historiarum libri, cum   *9.*
notis Henr. Valesii, ed. Hadr. Valesio. *Paris.*
1681, *in-fol. v. porph. dent.*

502. Abrégé de l'Histoire romaine. *Paris*, 1805,   *7 -- 55.*
gr. *in-4. fig. cart.*

503. Onuphrii Panvinii Reipublicæ romanæ com-
mentariorum libri tres. *Venetiis*, 1558, *in-8.*
v. éc. dent.   *4.*

504. Onuphrii Panvinii Reipublicæ Romanæ com-
mentariorum lib. tres. *Francof.* 1597, *in-fol.*
v. porph. dent.

505. Joan. Sarii Zamoscii de senatu romano lib. 11.
Will. Possardi de magistratibus Atheniensium,
eorumque cum Romanis, Gallis, Venetis, com-
paratione libellus. *Argentorati*, 1670, *in-12.*   *2 -*
= Jo. Kirchmanni comment. hist. de regibus
vetustis norvagicis. *Amst.* 1684, *in-8. vél.*

506. Antiquitatum romanarum Pauli Manutii lib.
de Legibus. *Parisiis*, 1557, *in-8. v. porph.*

507. Pomponii Laeti de Antiquitatibus urbis Romæ   *1 -- 50.*
libellus; topographia veteris Romæ a Barth. Mar-
liano. *Basileæ*, 1538, *in-8. v. porph.*

508. Martini Hankii de Byzantinarum rerum scrip-   *2.*
toribus græcis liber. *Lipsiæ*, 1677, *in-4. vél.*

498 Double. velin — — — — — — — — — — 2.

509. Joannis Zonaræ annales, gr. et lat. cum notis Car. Dufresne Dom. du Cange. *Paris. e typ. reg.* 1686, 2 *vol. in-fol. v. éc.*

510. Memoriæ populorum olim ad Danubium, Pontum Euxinum, etc. incolentium, e scriptoribus hist. Byzantinæ erutæ a Jo. Gott. Strittero. *Petropoli*, 1771, 6 *vol. in-4. v. porph. dent.*

511. Notitia dignitatum utriusque imperii Orientis et Occidentis, cum comment. Panciroli. *Genevæ*, 1623, *in-fol. v. porph. dent.*

HISTOIRE MODERNE.

Histoire d'Italie.

512. Corpus historicum medii ævi, edidit Jo. Georg. Eccardus. *Lipsiæ*, 1723, 2 *vol. in-fol. v. f. dent.*

513. Etats formés en Europe après la chute de l'empire romain en Occident, par d'Anville. *Paris, de l'imprimerie royale*, 1771, *in-4. fig. v. porph. dent.*

514. Dell' antico stato d'Italia di Jac. Durandi. *In Torino*, 1772, *in-8. cart.*

515. Saggio sulla historia de gli antichi popoli d'Italia, di Jac. Durandi. *In Torino*, 1769, *in-4. cart.*

516. Il Piemonte cispadano antico di Jac. Durandi. *Torino*, 1774, *in-4. cart.* = Notizia dell' antico Piemonte traspadano, dell' medesimo. *Torino*, 1803, *in-4. cart.*

517. Della Marca d'Ivrea, tra le Alpi, il Ticino, etc. per servire alla notizia dell' antico Piemonte traspadano di Jac. Durandi. *Torino*, 1804, 2 *vol. in-4. br.*

518. Dell' antica condizione del Vercellese, e dell' antico borgo di Santia, dissertaz. di Jac. Durandi. *In Torino*, 1766, *in-4. cart.*

pichard.

Desforges.

la bitte.

letellier.

515. ins.

517. C.

Le Bours.

trettel.

trettel.

payant.

Brunet.

525. Ro. 18

528. feuil.

529. feuil.

Royer.

Royer.

payant.

519. Philip. Cluverii Sicilia antiqua, item Sardi-
nia et Corsica. *Lugd. Bat.* 1619, *in-fol. fig.*
dem. rel.

Histoire de France.

520. Eclaircissements géographiques sur l'ancienne Gaule, par d'Anville. *Paris,* 1741, *in-12.*
fig. v. b.
521. Notice de l'ancienne Gaule, par d'Anville.
Paris, 1760, *in-4. fig. v. éc.*
522. Mémoire de d'Anville sur les cartes de l'ancienne Gaule qu'il a dressées. 1779, *in-4. br.*
11 *pages.*
523. Atlas de la France divisé par départements,
par Chanlaire. *Paris,* 1802, *in-4. obl. dem.*
rel. color.
524. Recueil des historiens des Gaules et de la
France, publié par Dom Bouquet. *Paris,* 1738,
13 *vol. in-fol. v. m.*
525. Histoire de saint Louys, roi de France, par
Joinville, avec les observations de Ducange.
Paris, 1668, *in-fol. v. b.*
526. Collection des Lettres et Mémoires trouvés
dans les portefeuilles du maréchal de Turenne,
publ. par M. de Grimoard. *Paris,* 1782, 2 *vol.*
in-fol. br.
527. Mémoires et Lettres du maréchal de Tessé.
Paris, 1806, 2 *tom. en* 1 *vol. in-8. v. rac. dent.*
528. Almanach historique de la révolution, par
Rabaut-Saint-Etienne. *Paris,* 1792, *in-18. fig.*
mout. bl. = Précis historique de la révolution,
par M. La Cretelle. *Paris,* 1801, 3 *vol. in-18,*
fig. dem. rel.
529. Collection complète des travaux de Mirabeau
l'aîné à l'Assemblée nationale, par Et. Méjean.
Paris, 1791, 5 *vol. in-8. bas.* = Lettres origi-

nales de Mirabeau, écrites du donjon de Vin-
cennes pendant les années 1777 à 1780, re-
cueillies par Manuel. *Paris*, 1792, 4 *vol. in-8.
dem. rel.*

530. Les Annales de la République françoise depuis la constitution de l'an III, (par M. P. X.
Leschevin). *Paris, an VII*, 6 *vol. in-8. br.*

531. Histoire de Bretagne, par Dom Lobineau.
Paris, 1707, 2 *vol. in-fol. fig. v. b.*

532. Histoire générale de Languedoc, par Dom
de Vic et Dom Vaissette. *Paris*, 1730, 5 *vol.
in-fol. v. porph.*

Histoire d'Allemagne, des Pays-Bas, etc.

533. Phil. Cluverii Germania antiqua. *Lugd. Bat.
apud Lud. Elzevirium*, 1616, *in-fol. fig. v. b.*

534. Nouvelle Vie de Frédéric II, ou Essai sur son
règne, par Denina. *Potsdam*, 1803, 2 *tom. en
1 vol. in-8. br.*

535. Belgicæ, sive inferioris Germaniæ descriptio,
auct. Lud. Guicciardino. *Amstel.* 1652, *petit
in-12. fig. vél.*

536. Abrah. Golnitzii Ulysses Belgico-Gallicus.
Lugd. Bat. ex offic. Elzevir. 1631, *in-12. vél.*

537. Histoire des Provinces-Unies des Pays-Bas,
par Le Clerc. *Amst.* 1728, 4 *vol. in-fol. fig. v. f.*

538. Annales des Provinces-Unies, par Basnage.
La Haye, 1719, *in-fol. v. b.*

Histoire d'Espagne, de Portugal, etc.

539. Marca Hispanica, hoc est geograph. et hist.
descriptio Cataloniæ, etc. auct. Pet. de Marca.
Parisiis, 1688, *in-fol. v. b.*

540. Lud. Nonii Hispania, sive populorum, ur-
bium, insularum ac fluminum in ea Descriptio.
Antuerpiæ, 1607, *in-12. v. porph. dent.*

payant.

achaintre.

§ 32. Ro. 55.

a chaintre.

Sainson

Letellier.

le tellier.

achaintre.

le même.

541. Ro. 15.   blaise.

542. ins. Ro. 24.

543. ins. Ro. 60.

544. ins. Ro. vvale. 8te 9.

545. Ro. 8

546. Ro. 8

                                                   a chaintn
                                                   ~~a chaintn~~.
                                                   th. barrois.

ton vilain, tout decousu en mauvais etat. blaise.

                                                   brunated.

                                                   chardin.

                                                   le meme

                                                   pichard.
                                                   th. barrois.

541. Historia general de España del Padre Juan de Mariana. *En Madrid*, 1623, 2 *vol. in-fol. v. b.*

542. Poblacion general de España, historia chronologica, etc. por D. Ju. Ant. de Estrada. *En Madrid*, 1748, 3 *vol. in-4. parch.*

543. Historia general de los hechos de los Castellanos en las islas i tierra firme del mar Oceano, por Ant. de Herrera. *En Madrid*, 1601, 8 *tom.* en 4 *vol. in-fol. v. f.*

544. Investigaciones historicas sobre los principales descubrimientos de los Españoles en el mar Oceano en el siglo xv, por Don Chr. Cladera. *Madrid*, 1794, *in-4. fig. bas.*

545. Historia de Don Felipe iv, rey de las Españas, por Don Gonz. de Cespedes. *En Barcelona*, 1634, *in-fol. parch.*

546. Coronica universal de Cathalunya, por Hieron Puiades. *In Barcelona*, 1609, *in-fol. vél.*

547. Histoire de Portugal, trad. du latin d'Osorius. *Paris*, 1581, *in-fol. v. b.*

548. Historia delle guerre di Portogallo, da Aless. Brandaño. *In Venezia*, 1689, *in-4. v. b.*

549. Constitution de l'Angleterre, par Delolme. *Paris*, 1788, 2 *vol. in-8. br.*

550. Historia de Gentibus septentrionalibus, earumque diversis statibus, moribus, ritibus, etc. auct. Olao Magno. *Romæ*, 1555, *in-fol. fig. v. b.*

551. Recherches sur l'origine et les établissements des Scythes ou Goths, trad. de l'angl. de Pinkerton. *Paris*, 1804, *in-8. fig. v. rac.*

552. Regnorum Sueciæ, Gothiæ et Finlandiæ descriptio. *Amst.* 1656, *in-12. fig. vél.*

553. Deliciæ sive amœnitates regnorum Daniæ, Norvegiæ, Holsatiæ, etc. *Lugd. Bat.* 1706, 2 *vol. petit in-12. fig. vél.*

554. Regni Poloniæ, magnique ducatus Lithua-

niæ descript. studio And. Cellarii. *Amst.* 1659, *in-*18. *fig. vél.*

555. Histoire ou Anecdotes sur la révolution de Russie, en 1762, (par Rulhière). *Paris,* 1797, *in-*8.*-cart. Pap. Vél.*

Histoire Orientale, de l'Asie, etc.

556. Haithoni Armeni historia orientalis. 1671, *in-*4. *v. b.*

557. Monumenta antiquiss. historiæ Arabum, arab. et lat. ex versione J. G. Eichhorn. *Gothæ,* 1775, *in-*8. *dem. rel.*

558. Abulfedæ annales Muslemici, arab. et lat. ex vers. et cum notis J. J. Reiskii, edente J. Georg. Chr. Adler. *Hafniæ,* 1789, 5 *vol. in-*4. *v. rac. dent.*

559. Les observations de plusieurs singularités et choses mémorables trouvées en Grèce, Asie, Egypte, Arabie, etc. par P. Belon. *Paris,* 1588, *in-*4. *fig. vél.*

560. Description dés isles de l'Archipel, trad. du flamand d'O. Dapper. *Amst.* 1703, *in-fol. fig. v. porph. dent.*

561. Lettres sur l'Atlantide de Platon, et sur l'ancienne histoire de l'Asie, par Bailly. *Paris,* 1779, *in-*8. *v. m.*

562. Recherches curieuses sur l'histoire ancienne de l'Asie, par Chahan de Cirbied. *Paris,* 1806, *in-*8. *dem. rel.*

563. Palladius de gentibus Indiæ et Bragmanibus, gr. et lat. edente Edoardo Bissæo. *Londini,* 1668, *in-*4. *v. b.*

564. La Historia general de las Indias, por Fr. Lopes de Gomara. *En Anvers,* 1554, *in-*12. *v. j.*

565. Historia Indiæ orientalis, auct. Goth. Arthus, *Colon. Agripp.* 1608, *in-*8. *v. b.*

achainte.

Walckenaer

Walckenaer.   556. Ins. x
                                                         557. ins. wale

magimel.   558. Ins. wale

achainte.   Marque en 2 grandes cartes.   559. wale.

payant.

Sainson   562. Ins.

payant.   564. RO. 5.

payant.

569. Ins.

maginel.

achaintn.

574. C. Ins.

payant.

Brunaud.
Brunaud.

566. Histoire des Indes orientales, par Souchu de Rennefort. *Leyde*, 1688, *in-12. v. b.*

567. Histoire des Indes orientales et occidentales, de J. P. Maffée, trad. du latin. *Paris*, 1665, *in-4. v. b.*

568. La Terre-Sainte, ou Descript. topographique des Saints-Lieux, par Eugène Roger. *Paris*, 1664, *in-4. v. b.*

569. Historia priorum Regum Persarum, ex Moham. Mirchond, persice et lat. *Viennæ*, 1782, *in-4. dem. rel.*

570. Histoire de Nader Chah, connu sous le nom de Thamas Kuli Khan, trad. du persan, par Jones. *Londres*, 1770, *in-4. cart.*

571. Etat civil, politique et commerçant du Bengale, trad. de l'angl. de Bolts par M. Demeunier. *La Haye*, 1775, 2 vol. *in-8. fig. bas. rac.*

572. Histoire générale de l'Empire du Mogol, par le P. Catrou. *Paris*, 1715, *in-4. dem. rel.*

573. Histoire de Genghizcan, par Petis de La Croix. *Paris*, 1710, *in-12. v. b.*

574. Ferishta's History of Dekkan, from the first Mahummedan conquest, and the History of Bengal, by Jonath. Scott. *Schrewsbury*, 1794, 2 vol. *in-4. cart.*

575. Histoire des Royaumes de Tunquin et de Lao, trad. de l'italien du P. Marini. *Paris*, 1666, *in-4. v. b.*

576. Lettres édifiantes et curieuses sur la visite apost. de M. de la Baume à la Cochinchine, en 1740. *Venise*, 1746, *in-4. v. m.*

577. Histoire universelle du grand Royaume de la Chine, trad. de l'ital. de Semedo, par Coulon. *Paris*, 1645, *in-4. vél.*

578. Athanasii Kircheri China Monumentis illustrata. *Amstel.* 1667, *in-fol. fig. v. b.*

579. La Chine d'Athan. Kircher illustrée de plu-

sieurs monumens, tant sacrés que profanes, trad. du latin par Dalquié. *Amst.* 1670, *in-fol. fig. v. b.*

D. 60. - - - 580. Mémoires concernant l'histoire, les sciences, les arts, les mœurs, les usages, etc. des Chinois, par les missionnaires de Pékin. *Paris,* 1776, 15 *vol. in-4. fig. v. jasp.*

D. 12. - 95 581. Historia de las Missiones que han hecho los religiosos de la compania de Jesus, en la India oriental, y en los reynos de la China y Japon. *en Alcala,* 1601, *in-fol. v. f.*

582. De Christiana expeditione apud Sinas suscepta ab societ. Jesu, lib. v, auct. Nic. Trigautio. *Lugd.* 1616, *in-4. v. rac. dent.*

A - 70 583. Nouveaux Mémoires sur l'état présent de la Chine, par le P. Le Comte. *Paris,* 1696, 2 *vol. in-12. fig. bas. rac. dent.* = Histoire de l'Edit de l'empereur de la Chine, en faveur de la religion chrétienne, par le P. Le Gobien. *Paris,* 1698, *in-12. bas. rac.*

1. - 50 584. Description de l'île Formosa en Asie. *Amst.* 1708, *in-12. fig. bas.*

31. - - - 585. Ahmedis Arabsiadæ vitæ et rerum gestarum Timuri, qui vulgò Tamerlanes dicitur historia, arab. et lat. cum notis Sam. Henr. Manger. *Leovardiæ,* 1772, 2 *vol. in-4. br.*

3. - 70. 586. Histoire de Timur Bec, trad. du persan par Petis de La Croix. *Paris,* 1722, 4 *vol. in-12. v. j.*

14. - - - 587. Histoire naturelle, civile et ecclésiastique de l'empire du Japon, trad. de l'allemand de Kempfer. *La Haye,* 1729, 2 *vol. in-fol. fig. v. m.*

5. - 95. 588. Legatio Batavica ad magnum Tartariæ chanum Sungteium, per Joan. Nieuhovium. *Amstel.* 1668, *in-fol. fig. v. j.*

6. - 65 589. Ambassade de la Compagnie des Indes orientales, des Provinces-Unies, vers les empereurs du Japon. *Amst.* 1680, *in-fol. fig. v. b.*

1. - 30. 584 Double Edit. de 1705. v. b.

6. - 75 589 Double v. b. -

580. Ro. 90

581. Ins. Ro. 12

Delau.

Pichard.

Brunaud.

payant.
payant.

payant.

pathier j.°.

Lambert.

payant.

payant.

pichard.

592. C.

593. Ins. +

payant.

596. Ins. Ro. 12.

597. Ins.

598. Ins.

pathier j^re

600. Ins.

me Charpentier.

pichard.

602. Wale. p^t

payant.

payant

Le tellier.

590. De Christianis apud Japonios triumphis, lib. 11, auct. Nic. Trigautio. *Monachii*, 1623, *in-4. v. b.* Figures de Sadeler.

591. Histoire de l'île de Ceylan, trad. du portugais de Ribeyro. *Paris*, 1701, *in-12. fig. br.*

592. The Life and adventures of John Christopher Wolff, secretary of state at Jaffanapatnam in Ceylon, together with a descript. of that Island, by Eschelskroon. *London*, 1785, *in-8. v. rac.*

593. Histoire de Sumatra, par Will. Marsden, trad. de l'angl. *Paris*, 1788, 2 *vol. in-8. fig. bas.*

594. Description historique du Royaume de Macaçar, par Gervaise. *Paris*, 1688, *in-12. v. rac. dent.*

595. Description historique du Royaume de Macaçar. *Ratisbonne*, 1700, *in-12. v. b.*

596. Conquista de las Islas Malucas, por Bartol. Leon. de Argensola. *En Madrid*, 1609, *in-fol. parch.*

597. Histoire des isles Marianes, par le P. Le Gobien. *Paris*, 1700, *in-12. bas.*

Histoire de l'Afrique.

598. Edrisii Africa, curavit Joan. Melch. Hartmann. *Gottingæ*, 1796, *in-8. v. porph. dent.*

599. Description de l'Afrique, trad. du flamand d'O. Dapper. *Amst.* 1686, *in-fol. fig. v. porph. dent.*

600. Abulfedæ Descriptio Ægypti, arab. et lat. ex vers. et cum not. Jo. Dav. Michaelis. *Gottingæ*, 1776, *in-8. v. porph.*

601. Histoire de Barbarie, des royaumes et des villes d'Alger, de Tunis, etc. par P. Dan. *Paris*, 1649, *in-fol. v. b.*

602. Histoire du Royaume d'Alger, par Laugier. *Amst.* 1725, *in-12. fig. v. m.*

603. Histoire de Loango, Kakongo, et autres

royaumes d'Afrique, par l'abbé Proyart. *Paris*, 1776, *in-12. v. rac.*

36-- 604. Jobi Ludolfi Historia Æthiopica, cum commentario et appendicibus. *Francofurti*, 1681, 4 *part. en 2 vol. in-fol. fig. v. b.*

6 -- 605. Macrizi Historia rerum Islamiticorum in Abyssinia, arab. et lat. Abulfedea descriptio regionum nigritarum, arab. edidit Frid. Theod. Rinck. *Lugd. Bat.* 1790, *in-4. br.*

4--50. 606. Description du cap de Bonne-Espérance, par Kolb. *Amst.* 1741, 3 *vol. in-12. fig. v. f.*

Histoire de l'Amérique.

4 -- 607. Georg. Hornii de Originibus Americanis, lib. iv. *Hemipoli*, 1669, *in-18. vél.*

608. Histoire génér. des Indes occidentales, trad. en franç. par Fumée sieur de Marly le Chastel. *Paris*, 1569, *in-8. dem. rél.*

609. Lettres américaines, dans lesquelles on examine l'origine, l'état, les mœurs, etc. des anciens habitans de l'Amérique, par Carli. *Paris*, 1788, 2 *vol. in-8. v. j.*

9--5. 610. Histoire des Découvertes et Conquestes des Portugais dans le Nouveau-Monde, par le P. Lafitau. *Paris*, 1733, 2 *vol. in-4. fig. v. m.*

4--50 611. Histoire de la Conqueste de la Floride par les Espagnols, trad. du portugais. *Paris*, 1685, *in-12. v. b.*

612. Levini Apollonii, Gandobrugani, de Peruviæ regionis Inventione, et rebus in eadem gestis libri v. *Antuerp.* 1567, *in-8. vél.*

1--95 613. Recueil de diverses Pièces servant de supplément à l'Histoire philosophique, par Raynal. *Genève*, 1783, *in-8. br.*

Walckenaer.

Demarne.

pichard.

payant.

Brunct.

Magimel.

Le tellier.

604. wale

605. Ins. wale.

614. lns.

crozet.

magimel.

treuttel.

618. feuil.
619. ellong.

621. lns.

622. Ro. 8.

Delaw

le mazurier.

ANTIQUITÉS.

Histoire littéraire, etc.

614. Mémoires pour servir à l'Histoire de la Religion secrète des anciens peuples, par de Sainte-Croix. *Paris*, 1784, *in-8. v. m.*

615. Zach. Goezii de nummis dissert. xx. *Vitembergæ*, 1716, *in-8. fig. vél.*

616. Historia Monetæ Arabicæ, arab. et lat. studio Gerh. Tychsen. *Rostochii*, 1797, *in-8. dem. rel.*

617. Bibliographie instructive, catalogue de Gaignat, par Guill. Fr. De Bure le jeune, et le tome 10, par Née de la Rochelle. *Paris*, 1763 *et années suiv.* 10 *vol. in-8. v. m.*
Les prix sont au catal. de Gaignat.

618. Jo. Alb. Fabricii Bibliotheca latina, digesta a Jo. Aug. Ernesti. *Lipsiæ*, 1773, 3 *vol. in-8. v. porph. dent.*

619. Jo Alb. Fabricii Bibliotheca mediæ et infimæ aetatis, aucta a Jo. Dom. Mansi. *Patavii*, 1754, 6 *tom. cart. en* 5 *vol. in-4.*

620. Athenæum Ligusticum, seu syllabus scriptorum Ligurum, ab Aug. Oldoino. *Perusiæ*, 1680, *in-4. vél.*

621. Della Litteratura Veneziana, lib. otto di Marco Foscarini. *In Padova*, 1752, *in-fol. vél.* Tomo 1.°

622. Ensayo de una Bibliotheca de traductores españoles, por D. Ant. Pellicer. *En Madrid*, 1778, *in-4. br.*

623. Bibliotheca Coisliniana, olim Segueriana, studio Bern. de Montfaucon. *Parisiis*, 1715, *in-fol. v. b.*

624. Catalogue des Livres de M. de Courtanvaux. *Paris*, 1785, *in-8. bas. rac. avec les prix impr.*

Vies des Hommes illustres, etc.

625. Cornelii Nepotis Vitæ excellentium impera-
torum, cum not. var. curant. Aug. Van Stave-
ren. *Lugd. Bat.* 1773, *in*-8. *vél.*

626. Vita e Lettere di Americo Vespucci raccolt.
da Ang. Mar. Bandini. *Firenze,* 1745, *in*-4.
dem. rel.

627. Æliani varia Historia, gr. et lat. cum not.
curante Abrah. Gronovio. *Lugd. Bat.* 1731,
2 *vol. in*-4. *vél.*

628. Valerius Maximus, cum not. var. et ex recens.
A. Thysii. *Lugd. Bat.* 1655, *in*-8. *vél.*

629. Valerius Maximus, cum not. var. curante
Abr. Torrenio. *Leidæ,* 1726, *in*-4. dem. rel. dos
de mar. non rogné.

ADDITIONS.

630. ENSAYO sobre o Estado actual da administra-
cao da fazenda e da riqueza nacional da Gran-
Britanha, por Freder. Gentz. *Lisboa,* 1803,
in-12. *v. jasp.*

631. Car. Allionii Flora pedemontana. *Augustæ
Taurin.* 1785, 3 *vol. in-fol. cart. fig. coloriées.*

632. Elementos de Matematica, par D. Benito Bails.
Madrid, 1793, 10 *tomes rel. en* 11 *vol. in*-4.
fig. bas.
Il manque les tomes. 6, 7 et 8.

633. Le Théâtre de Quinault. *Paris,* 1739, 5 *vol.*
in-12. *fig. v. f.*

634. Ph. Cluverii introductio in universam geographiam. *Amst.* 1729, *in*-4. *v. j.*

payant

Walckenaer.

La ditte.

Le tellier.

Le tellier.

626. wale.

627. feuil.

/

630. C.

La Loy
payant.

La loi.

Rogné à la lettre.   payant.

                                            payant.

                                            Rayez.

641. Mon. Ins. + Wale. 40#

                                            payant.

                                            Marié ainé.
•644. C. Wale. 13^d   m^lle charpentier.

                                            treuttel.

635. Pomponius Mela de Situ orbis. *Venetiis,* *3.–10.*
Hailbrun, 1478. = Dionysius de Situ orbis.
Venetiis, Hailbrun, 1478, *in-*4. *dem. rel.*

636. Pomponii Melæ geographia, Prisciani quo-
que ex Dionysio de Situ orbis interpretatio.
Venetiis, Erhardus Ratdolt, 1482, *in-*4. *goth.*
fig. vél.
3.–55.
637. Pomponius Mela de Situ orbis. (*Venetiis,*)
impress. per Jo. Bapt. Sessa, 15o1, *in-*4. *dem.*
rel. dos de mar.

638. Pomponius Mela de Situ orbis. (*Venetiis,*)
impress. per Albertinum de Lisona Vercellen-
sem, 15o2, *in-*4. *dem. rel. dos de mar.*
5.–65
639. Solinus de Memorabilibus mundi. *Venetiis,*
14o3, *in-*4. *dem. rel. dos de mar.*

640. Solinus de Memorabilibus mundi. *Venetiis,*
14o8, *in-*4. *dem. rel. dos de mar.*

641. Peutingeriana tabula itineraria, quæ in Bi- *6o.–5. D*
bliotheca Vindobonensi servatur, exscripta a
F. C. de Scheyb. *Vindobonæ,* 1753, *in-fol. fig. rel.*

642. Voyages et Découvertes dans l'intérieur de *2.–3o.*
l'Afrique, par le major Houghton et Mungo
Park, trad. de l'anglois. *Paris, l'an VI, in-*8.
fig. v. j.

643. The history of ancient Greece, by John Gil- *9.*
lies. *Basil,* 1790, 5 *vol. in-*8. *dem. rel.*

644. Entropius, cum notis variorum, ex recens. *13.–5o.*
H. Verheyk. *Lugd. Bat.* 1762, *in-*8. *v. porph.*

645. Table alphabétique de l'Abrégé chronolo- *5o.*
gique de l'Histoire de France, par le président
Hénault. 7 *vol. in-*4. *dem. rel.*

Manuscrit sur papier, venant de la Bibliothèque, et avec des
notes du président de Menars.

646. Chronologie novenaire, par P. Victor Cayet. *5o.– D*
Paris, 16o8, 3 *vol. in-*8. *m. r.* = Chronologie
septenaire, par le même. *Paris,* 16o5, *in-*8. *m. r.*

= Le Mercure françois, par Richer et autres.
Paris, 1611, 25 *vol. in-8. m. r.*

600 -- 647. Collection complète du Moniteur depuis son origine jusqu'à ce jour, avec l'avant-Moniteur. *45 vol. in-fol. dem. rel.*

6 - - - 648. Formules des Lettres du roi de France, aux différents souverains et princes. *Gr. in-4. v. m. Mss. sur papier.*
Exempl. du comte d'Hoym.

34 - 95 649. Ambassade de MM. de Noailles en Angleterre, par de Vertot. *Paris*, 1763, 5 *vol. in-12. v. m.*

650. Histoire et Mémoires de l'Académie des Inscriptions et Belles-Lettres. *La Haye*, 1718, 74 *vol. in-12. v.* m.

39 - 95 651. Bibliothèque curieuse, ou Catalogue des Livres difficiles à trouver, par David Clément. *Gottingen*, 1750, 9 *vol. in-4. v. f.*

652. Specimen historico-criticum editionum italicarum sæculi xv, aut. J. B. Audiffredi. *Romæ*, 1794, *in-4. rel.*

FIN DU CATALOGUE.

Les livres seront exposés dans l'ordre qui suit :

Première vacation, mercredi 1ᵉʳ avril 1812.

Théologie,	1 — 11
Belles-Lettres,	97 — 111
Histoire,	176 — 243

Seconde vacation, jeudi 2.

Sciences et Arts,	29 — 38
Belles-Lettres,	112 — 121
Jurisprudence,	12 — 20
Histoire,	244 — 307

Troisième vacation, vendredi 3.

Jurisprudence,	21 — 28
Belles-Lettres,	122 — 132
Sciences et Arts,	39 — 48
Histoire,	308 — 371

Quatrième vacation, samedi 4.

Sciences et Arts,	49 — 58
Belles-Lettres,	133 — 143
Histoire,	372 — 443

Cinquième vacation, mardi 7.

Sciences et Arts,	59 — 68
Belles-Lettres,	144 — 154
Histoire,	444 — 515

Sixième vacation, mercredi 8.

Sciences et Arts,	69 — 78
Belles-Lettres,	155 — 165
Histoire,	516 — 587

Les livres seront exposés dans l'ordre qui suit :

Première vacation, mercredi 1er avril 1812. — — 1054 — 85.

Théologie,	1 — 11
Belles-Lettres,	97 — 111
Histoire,	176 — 243

Seconde vacation, jeudi 2. — — — — 794 — 45.

Sciences et Arts,	29 — 38
Belles-Lettres,	112 — 121
Jurisprudence,	12 — 20
Histoire,	244 — 307

Troisième vacation, vendredi 3. — — — 864 — 10.

Jurisprudence,	21 — 28
Belles-Lettres,	122 — 132
Sciences et Arts,	39 — 48
Histoire,	308 — 371

Quatrième vacation, samedi 4. — — — 600 — 85.

Sciences et Arts,	49 — 58
Belles-Lettres,	133 — 143
Histoire,	372 — 443

Cinquième vacation, mardi 7. — — — 1257 — 20.

Sciences et Arts,	59 — 68
Belles-Lettres,	144 — 154
Histoire,	444 — 515

Sixième vacation, mercredi 8. — — — 1414 — 5.

Sciences et Arts,	69 — 78
Belles-Lettres,	155 — 165
Histoire,	516 — 587

7e vacation — — — — — 1559 — 75.

7525 — 25.

Sciences et Arts,	79 — 96
Belles-Lettres,	166 — 175
Histoire,	588 — 629
Additions,	630 — 652

total de la vente ⸺⸺⸺⸺⸺ 7525..25.

a Déduire les articles ci après

Nᵒˢ 633 guinault ⸺⸺⸺⸺ 15..70.
646 chronologie nouckain ⸺⸺ 50.
647 moniteur ⸺⸺⸺ 600.
651 Bibliotheque Curieuse ⸺⸺ 39..95
Double de 618 fabricius ⸺⸺⸺ 9..00

714..65.

6810..60.

www.ingramcontent.com/pod-product-compliance
Ingram Content Group UK Ltd.
Pitfield, Milton Keynes, MK11 3LW, UK
UKHW022240120726
13694UKWH00003B/901